海上絲綢之路基本文獻叢書

今世中國貿易通志（上）

陳重民 編

文物出版社

圖書在版編目（CIP）數據

今世中國貿易通志．上 / 陳重民編． -- 北京 ：文物出版社，2022.7
（海上絲綢之路基本文獻叢書）
ISBN 978-7-5010-7619-2

Ⅰ．①今… Ⅱ．①陳… Ⅲ．①對外貿易－貿易史－中國－民國 Ⅳ．①F752.96

中國版本圖書館 CIP 數據核字（2022）第 086681 號

海上絲綢之路基本文獻叢書

今世中國貿易通志（上）

編　　者：陳重民
策　　劃：盛世博閱（北京）文化有限責任公司

封面設計：鞏榮彪
責任編輯：劉永海
責任印製：張道奇

出版發行：文物出版社
社　　址：北京市東城區東直門内北小街 2 號樓
郵　　編：100007
網　　址：http://www.wenwu.com
經　　銷：新華書店
印　　刷：北京旺都印務有限公司
開　　本：787mm×1092mm　1/16
印　　張：10.25
版　　次：2022 年 7 月第 1 版
印　　次：2022 年 7 月第 1 次印刷
書　　號：ISBN 978-7-5010-7619-2
定　　價：90.00 圓

總緒

海上絲綢之路，一般意義上是指從秦漢至鴉片戰爭前中國與世界進行政治、經濟、文化交流的海上通道，主要分爲經由黄海、東海的海路最終抵達日本列島及朝鮮半島的東海航綫和以徐聞、合浦、廣州、泉州爲起點通往東南亞及印度洋地區的南海航綫。

在中國古代文獻中，最早、最詳細記載『海上絲綢之路』航綫的是東漢班固的《漢書·地理志》，詳細記載了西漢黄門譯長率領應募者入海『齎黄金雜繒而往』之事，書中所出現的地理記載與東南亞地區相關，并與實際的地理狀况基本相符。

東漢後，中國進入魏晋南北朝長達三百多年的分裂割據時期，絲路上的交往也走向低谷。這一時期的絲路交往，以法顯的西行最爲著名。法顯作爲從陸路西行到印度，再由海路回國的第一人，根據親身經歷所寫的《佛國記》（又稱《法顯傳》）一書，詳細介紹了古代中亞和印度、巴基斯坦、斯里蘭卡等地的歷史及風土人情，是瞭解和研究海陸絲綢之路的珍貴歷史資料。

隨着隋唐的統一，中國經濟重心的南移，中國與西方交通以海路爲主，海上絲綢之路進入大發展時期。廣州成爲唐朝最大的海外貿易中心，朝廷設立市舶司，專門管理海外貿易。唐代著名的地理學家賈耽（七三〇～八〇五年）的《皇華四達記》記載了從廣州通往阿拉伯地區的海上交通『廣州通夷道』，詳述了從廣州港出發，經越南、馬來半島、蘇門答臘半島至印度、錫蘭，直至波斯灣沿岸各國的航綫及沿途地區的方位、名稱、島礁、山川、民俗等。譯經大師義净西行求法，將沿途見聞寫成著作《大唐西域求法高僧傳》，詳細記載了海上絲綢之路的發展變化，是我們瞭解絲綢之路不可多得的第一手資料。

宋代的造船技術和航海技術顯著提高，指南針廣泛應用於航海，中國商船的遠航能力大大提升。北宋徐兢的《宣和奉使高麗圖經》詳細記述了船舶製造、海洋地理和往來航綫，是研究宋代海外交通史、中朝友好關係史、中朝經濟文化交流史的重要文獻。南宋趙汝適《諸蕃志》記載，南海有五十三個國家和地區與南宋通商貿易，形成了通往日本、高麗、東南亞、印度、波斯、阿拉伯等地的『海上絲綢之路』。宋代爲了加强商貿往來，於北宋神宗元豐三年（一〇八〇年）頒佈了中國歷史上第一部海洋貿易管理條例《廣州市舶條法》，并稱爲宋代貿易管理的制度範本。

元朝在經濟上採用重商主義政策，鼓勵海外貿易，中國與歐洲的聯繫與交往非常頻繁，其中馬可•波羅、伊本•白圖泰等歐洲旅行家來到中國，留下了大量的旅行記，記録元代海上絲綢之路的盛况。元代的汪大淵兩次出海，撰寫出《島夷志略》一書，記録了二百多個國名和地名，其中不少首次見於中國著録，涉及的地理範圍東至菲律賓群島，西至非洲。這些都反映了元朝時中西經濟文化交流的豐富内容。

明、清政府先後多次實施海禁政策，海上絲綢之路的貿易逐漸衰落。但是從明永樂三年至明宣德八年的二十八年裏，鄭和率船隊七下西洋，先後到達的國家多達三十多個，在進行經貿交流的同時，也極大地促進了中外文化的交流，這些都詳見於《西洋蕃國志》《星槎勝覽》《瀛涯勝覽》等典籍中。

關於海上絲綢之路的文獻記述，除上述官員、學者、求法或傳教高僧以及旅行者的著作外，自《漢書》之後，歷代正史大都列有《地理志》《四夷傳》《西域傳》《外國傳》《蠻夷傳》《屬國傳》等篇章，加上唐宋以來衆多的典制類文獻、地方史志文獻，集中反映了歷代王朝對於周邊部族、政權以及西方世界的認識，都是關於海上絲綢之路的原始史料性文獻。

海上絲綢之路概念的形成，經歷了一個演變的過程。十九世紀七十年代德國地理學家費迪南・馮・李希霍芬（Ferdinad Von Richthofen，一八三三～一九〇五），在其《中國：親身旅行和研究成果》第三卷中首次把輸出中國絲綢的東西陸路稱爲『絲綢之路』。有『歐洲漢學泰斗』之稱的法國漢學家沙畹（Édouard Chavannes，一八六五～一九一八），在其一九〇三年著作的《西突厥史料》中提出『絲路有海陸兩道』，蘊涵了海上絲綢之路最初提法。迄今發現最早正式提出『海上絲綢之路』一詞的是日本考古學家三杉隆敏，他在一九六七年出版《中國瓷器之旅：探索海上的絲綢之路》中首次使用『海上絲綢之路』一詞；一九七九年三杉隆敏又出版了《海上絲綢之路》一書，其立意和出發點局限在東西方之間的陶瓷貿易與交流史。

二十世紀八十年代以來，在海外交通史研究中，『海上絲綢之路』一詞逐漸成爲中外學術界廣泛接受的概念。根據姚楠等人研究，饒宗頤先生是華人中最早提出『海上絲綢之路』的人，他的《海道之絲路與昆侖舶》正式提出『海上絲路』的稱謂。選堂先生評價海上絲綢之路是外交、貿易和文化交流作用的通道。此後，大陸學者馮蔚然在一九七八年編寫的《航運史話》中，使用『海上絲綢之路』一詞，這是迄今學界查到的中國大陸最早使用『海上絲綢之路』的人，更多地限於航海活動領域的考察。一九八〇年北京大學陳炎教授提出『海上絲綢之路』研究，并於一九八一年發表《略論海上絲綢之路》一文。他對海上絲綢之路的理解超越以往，且帶有濃厚的愛國主義思想。陳炎教授之後，從事研究海上絲綢之路的學者越來越多，尤其沿海港口城市向聯合國申請海上絲綢之路非物質文化遺産活動，將海上絲綢之路研究推向新高潮。另外，國家把建設『絲綢之路經濟帶』和『二十一世紀海上絲綢之路』作爲對外發展方針，將這一學術課題提升爲國家願景的高度，使海上絲綢之路形成超越學術進入政經層面的熱潮。

與海上絲綢之路學的萬千氣象相對應，海上絲綢之路文獻的整理工作仍顯滯後，遠遠跟不上突飛猛進的研究進展。二〇一八年厦門大學、中山大學等單位聯合發起『海上絲綢之路文獻集成』專案，尚在醞釀當中。我們不揣淺陋，深入調查，廣泛搜集，將有關海上絲綢之路的原始史料文獻和研究文獻，分爲風俗物産、雜史筆記、海防海事、典章檔案等六個類別，彙編成《海上絲綢之路歷史文化叢書》，於二〇二〇年影印出版。此輯面市以來，深受各大圖書館及相關研究者好評。爲讓更多的讀者親近古籍文獻，我們遴選出前編中的菁華，彙編成《海上絲綢之路基本文獻叢書》，以單行本影印出版，以饗讀者，以期爲讀者展現出一幅幅中外經濟文化交流的精美畫卷，爲海上絲綢之路的研究提供歷史借鑒，爲『二十一世紀海上絲綢之路』倡議構想的實踐做好歷史的詮釋和注脚，從而達到『以史爲鑒』『古爲今用』的目的。

凡例

一、本編注重史料的珍稀性，從《海上絲綢之路歷史文化叢書》中遴選出菁華，擬出版百册單行本。

二、本編所選之文獻，其編纂的年代下限至一九四九年。

三、本編排序無嚴格定式，所選之文獻篇幅以二百餘頁爲宜，以便讀者閱讀使用。

四、本編所選文獻，每種前皆注明版本、著者。

五、本編文獻皆爲影印，原始文本掃描之後經過修復處理，仍存原式，少數文獻由於原始底本欠佳，略有模糊之處，不影響閱讀使用。

六、本編原始底本非一時一地之出版物，原書裝幀、開本多有不同，本書彙編之後，統一爲十六開右翻本。

目録

今世中國貿易通志（上）

今世中國貿易通志（上）

陳重民 編

民國十三年商務印書館排印本

編輯凡例

一本書專以事實統計爲基礎敍述對外貿易之內容力求切實不尙空論。期使一般國民。咸能通曉對外貿易之眞相。

一本書分三編。第一編對外貿易之大勢述進出貿易之消長各埠貿易之概況、及各國貿易之概況。船隻關航運之盛衰。金銀繫現金之出入。因併及之。第二編出口貨物。詳其產地產額出口統計、交易習慣、並海外銷路之情況。第三編進口貨物詳其產地狀況。進口統計、內地銷路、並市場競爭之狀況。進出貨物因限於篇幅。僅以價值百萬兩以上之大宗爲限其餘從略。

一、本書專紀對外貿易。不涉及內地沿岸貿易。

一、本書貿易統計。截至民國九年爲止。

一、西北陸路通商向無正式表册。茲所採錄。雖皆本諸較爲確實之公私調查報告。尙恐不免遺漏。

一、本書取材除海關華洋貿易册、農商公報、外交公報及國內外公私調查報告外。並參考左列東文書報。

最近中國貿易	（東京）東亞同文會調查編纂部刊行
改版 中國貿易	（東京）東亞同文會調查編纂部刊行
最近調查 無盡藏の中國貿易	（東京）東洋タイムス社刊行
中國の工業上原料	上海日本人實業協會刊行
內外商工時報	（東京）農商務省商品陳列館刊行
通商公報	（東京）帝國地方行政學會刊行
中國	（東京）東亞同文會刊行
經濟資料	（東京）滿鐵會社東亞經濟調查局刊行
東洋時報	（東京）東洋協會刊行
週報	上海日本商業會議所刊行

今世中國貿易通志　編輯凡例

實業週報　漢口日本商業會議所刊行
滿蒙經濟時報　奉天日本商業會議所刊行
滿蒙實業彙報　大連日本商業會議所刊行
天津商業會議所月報　天津日本商業會議所刊行
青島實業協會月報　青島實業協會刊行
安東經濟時報　安東日本商業會議所刊行
餘不備舉

今世中國貿易通志總目錄

今世中國貿易通志第一編目錄

第一編　對外貿易之大勢

今世中國貿易通志

棗陽 陳重民 編

第一編 對外貿易之大勢

第一章 概論

我國對外貿易。自同治三年海關册發表以後。國人始稍明內容貿易貨價。大抵年有增加。同治十年。合進出貨價淨數。計爲一億三千六百萬兩。越十年。至光緒七年增爲一億六千三百萬兩。更十年。至光緒十七年增爲二億三千四百萬兩。又十年。至光緒二十七年增爲四億三千七百萬兩。然此三十年間之增加率。猶極其遲緩也。光緒二十七年以後。增加尤速。宣統二年爲八億四千三百萬兩。民國六年增爲十億一千二百萬兩。民國九年。更增爲十三億三百萬兩。較光緒二十七年增多八億六千六百萬兩。較宣統二年增多四億六千萬兩。竟爲通商以來所未有之鉅數。觀此。則我國對外貿易之富於彈力可知已。茲表示歷年進出貨價於左。

一、進出貨價總數

年份	進口總數	出口 國貨	出口 洋貨	出口 計	合計
光緒二十年	一六六、〇八五、五四九兩	一二八、九九七、三九〇兩	三、九七五、四一三兩	一三二、九七二、八〇三兩	二九九、〇五八、三五三兩
二十一年	一七九、九四六、九六〇	一四三、二九三、二一一	八、二五〇、二四五	一五一、五四三、四五六	三三一、四九〇、四一六
二十二年	二一一、六三三、四一九	一三一、〇八一、四二一	九、〇二三、四二五	一四〇、一〇四、八四六	三五一、七三八、二六五
二十三年	二〇四、五五四、二二七	一六三、五〇一、三五八	一、七二五、六〇二	一六五、二二六、九六〇	三六九、七八一、一八七
二十四年	二一八、七四五、三四七	一五九、〇三七、一四九	九、一六六、〇一三	一六八、二〇三、一六二	三八六、九四八、五〇九
二十五年	二七三、七五六、〇六五	一九五、七八四、八三二	九、〇〇七、六〇九	二〇四、七九二、四四一	四七八、五四八、五〇六
二十六年	二二二、一二九、四七三	一五八、九九六、七五二	一一、〇五九、〇五一	一七〇、〇五五、八〇三	三九二、一八五、二七六
二十七年	二七七、一三九、七三五	一六九、六五六、七五七	八、八三六、八一七	一七八、四九三、五七四	四五五、六三三、三〇九

二十八年	三二五、五四六、三二一	二一四、一八一、五八四	一〇、一八二、四〇六	二二四、三六三、九九〇	五四九、九一〇、三一一
二十九年	三三六、八五二、一三四	二一四、三五二、四六七	一〇、一一四、〇〇一	二二四、四六六、四六八	五六一、三一八、六〇二
三十年	三五七、四四四、六六四	二三九、四八六、六八二	一三、三八四、〇五五	二五二、八七〇、七三八	六一〇、三一五、四〇一
三十一年	四六一、一九四、五三二	二二七、八八八、一九七	一四、〇九三、七四一	二四一、九八一、九三八	七〇三、一七六、四七〇
三十二年	四二六、二九〇、二八七	二三六、四五六、七三九	一八、〇二〇、二〇五	二五四、四七六、九四四	六八〇、七六七、二三一
三十三年	四二九、〇七一、六六二	二六四、三八〇、六九七	一二、六七〇、二九三	二七七、〇五〇、九九〇	七〇六、一二二、六五二
三十四年	四〇九、五五四、六五三	二七六、六六〇、四〇三	一五、〇四九、一七五	二九一、七〇九、五七八	七〇一、二六四、二三一
宣統元年	四三〇、〇四八、六〇六	三三八、九九二、八一四	一一、八九〇、五三九	三五〇、八八三、三五三	七八〇、九三一、九五九
二年	四七六、五五三、四〇二	三八〇、八三三、三二八	一三、五八八、五〇八	三九四、四二一、八三六	八七〇、九七五、二三八
三年	四八二、五七六、一二七	三七七、三三八、一六六	一一、〇七二、一八四	三八八、四一〇、三五〇	八七〇、九八六、四七七
民國元年	四八五、七二六、〇八〇	三七〇、五二〇、四〇三	一二、六二九、〇四九	三八三、一四九、四五二	八六八、八七五、五三二
二年	五八六、二九〇、四三一	四〇三、三〇五、五四六	一六、一二七、八七四	四一九、四三三、四二〇	一、〇〇五、七二三、八五一
三年	五八四、二〇九、〇〇三	三五六、二二六、六二九	一四、九六七、六二一	三七一、一九四、二五〇	九五五、四〇三、二五三
四年	四七七、〇六四、〇〇五	四一八、八六一、一六四	二二、五八八、二八六	四四一、四四九、四五〇	九一八、五一三、四五五
五年	五三五、二六八、四二六	四八一、七九七、三六六	一八、八六一、四三一	五〇〇、六五八、七九七	一、〇三五、九二七、二二三
六年	五七七、三八一、三三九	四六二、九三一、六三〇	二七、八六二、五六五	四九〇、七九四、一九五	一、〇六八、一七五、五三四
七年	五七七、六四三、八〇三	四八五、八八三、〇三一	二二、七五〇、七二一	五〇八、六三三、七五二	一、〇八六、二七七、五五五
八年	六七九、五二九、五四四	六三〇、八〇九、四一一	二二、五三一、八六三	六六三、三四一、二七四	一、三四二、八七〇、八一八
九年	七九九、九六〇、二〇六	五四一、六三一、三〇〇	三七、七〇九、九七六	五七九、三四一、二七六	一、三七九、三〇一、四八二

備考　進口總數.指洋貨而言.包含復出口數在內.出口欄內洋貨一項.係復出口者.

二　進出貨價淨數

年份	洋貨進口淨數	國貨出口總數	合計
同治三年	五一、二九三、五七八兩	五四、〇〇六、五〇九兩	一〇五、三〇〇、〇八七兩
四年	六一、八四四、一五八	六〇、〇五四、六三四	一二一、八九八、七九二
五年	七四、五六三、六七四	五六、一六一、八〇七	一三〇、七二五、四八一
六年	六九、三三九、七四一	五七、八九五、七一三	一二七、二三五、四五四
七年	七一、二二一、二一三	六九、一一四、七三三	一四〇、三三五、九四六
八年	七四、九二三、二〇一	六七、一四三、九八八	一四二、〇六七、一八九
九年	六九、二九〇、七二二	六一、六八二、一二一	一三〇、九七二、八四三
十年	七〇、一〇三、〇七七	六六、八五三、一六一	一三六、九五六、二三八
十一年	六七、三一七、〇四九	七五、二八八、一二五	一四二、六〇五、一七四
十二年	六六、六三七、二〇九	六九、四五一、二七七	一三六、〇八八、四八六
十三年	六四、三六〇、八六四	六六、七一二、八六八	一三一、〇七三、七三二
光緒元年	六七、八〇三、二四七	六八、九一二、九二九	一三六、七一六、一七六
二年	七〇、二六九、五七四	八〇、八五〇、五一二	一五一、一二〇、〇八六
三年	七三、二三三、八九六	六七、四四五、〇二二	一四〇、六七八、九一八
四年	七〇、八〇四、〇二七	六七、一七二、一七九	一三七、九七六、二〇六
五年	八二、二二七、四二四	七二、二八一、二六二	一五四、五〇八、六八六
六年	七九、二九三、四五二	七七、八八三、五八七	一五七、一七七、〇三九

七年	九一、九一〇、八七七	七一、四五二、九七四	一六三、三六三、八五一
八年	七七、七一五、三二八	六七、三三六、八四六	一四〇、〇五二、〇九四
九年	七三、五六七、七〇二	七〇、一九七、六九三	一四三、七六五、三九五
十年	七二、七六〇、七五八	六七、一四七、六八〇	一三九、九〇八、四三八
十一年	八八、二〇〇、〇一八	六五、〇〇五、七一一	一五三、二〇五、七二九
十二年	八七、四七九、三二三	七七、二〇六、五六八	一六四、六八五、八九一
十三年	一〇二、三六三、六六九	八五、八六〇、二〇八	一八八、二二三、八七七
十四年	一二四、七八二、八九二	九二、四〇一、〇六七	二一七、一八三、九五九
十五年	一一〇、八八四、三五五	九六、九四七、八三二	二〇七、八三二、一八七
十六年	一二七、〇九三、四八一	八七、一四四、四八〇	二一四、二三七、九六一
十七年	一三四、〇〇三、八六三	一〇〇、九四〇、八四九	二三四、九四四、七一二
十八年	一三五、一〇一、一九八	一〇二、五八五、五二五	二三七、六八六、七二三
十九年	一五一、三六二、八一九	一二六、六三二、四一一	二七七、九九五、二三〇
二十年	一六二、一一〇、一三六	一二八、九九七、三九〇	二九一、一〇七、五二六
二十一年	一七一、六九六、七一五	一四三、二九三、二一一	三一四、九八九、九二六
二十二年	二〇二、五八九、九九四	一三一、〇八一、四二一	三三三、六七一、四一五
二十三年	二〇二、八二八、六二五	一六三、五〇一、三五八	三六六、三二九、九八三
二十四年	二〇九、五七九、三三四	一五九、〇三七、一四九	三六八、六一六、四八三
二十五年	二六四、七四八、五四六	一九五、七八四、八三二	四六〇、五三三、二八八
二十六年	二一一、〇七〇、四二二	一五八、九九六、七五二	三七〇、〇六七、一七四

二十七年	二六八、三〇二、九一八	一六九、六五六、七五七	四三七、九五九、六七五
二十八年	三一五、三六三、九〇五	二一四、一八一、五八四	五二九、五四五、四八九
二十九年	三二六、七三九、一三三	二一四、三五二、四六七	五四一、〇九一、六〇〇
三十年	三四四、〇六〇、六〇八	二三九、四八六、六八三	五八三、五四七、二九一
三十一年	四四七、一〇〇、七九一	二三七、八八八、一九七	六八四、九八八、九八八
三十二年	四一〇、二七〇、〇八二	二三六、四五六、七三九	六四六、七二六、八二一
三十三年	四一六、四〇一、三六九	二六四、三八〇、六九七	六八〇、七八二、〇六六
三十四年	三九四、五〇五、四七八	二七六、六六〇、四〇三	六七一、一六五、八八一
宣統元年	四一八、一五八、〇六七	三三八、九九二、八一四	七五七、一五〇、八八一
二年	四六二、九六四、八九四	三八〇、八三三、三二八	八四三、七九八、二二二
三年	四七一、五〇三、九四三	三七七、三三八、一六六	八四八、八四二、一〇九
民國元年	四七三、〇九七、〇三一	三七〇、五二〇、四〇三	八四三、六一七、四三四
二年	五七〇、一六二、五五七	四〇三、三〇五、五四六	九七三、四六八、一〇三
三年	五六九、二四一、三八二	三五六、二二六、六二九	九二五、四六八、〇一一
四年	四五四、四七五、七一九	四一八、八六一、一六四	八七三、三三六、八八三
五年	五一六、四〇六、九九五	四八一、七九七、三六六	九九八、二〇四、三六一
六年	五四九、五一八、七七四	四六二、九三一、六三〇	一、〇一二、四五〇、四〇四
七年	五五四、八九三、〇八二	四八五、八八三、〇三一	一、〇四〇、七七六、一一三
八年	六四六、九九七、六八一	六三〇、八〇九、四一一	一、二七七、八〇七、〇九二
九年	七六二、二五〇、二三〇	五四一、六三一、三〇〇	一、三〇三、八八一、五三〇

備考　表內洋貨進口淨數。係在洋貨逕行進口總數內除去復往外洋之數。

以上兩表。均未列各口岸互相貿易（即沿岸貿易）之數。即對外貿易之數。亦未全列。蓋因有不隸海關管轄之華船所運往來外洋各貨。並未經海關登記故也。此外西北陸路通商。向無調查。均不在內。

右表、光緒二十六年進口淨數爲二億一千一百萬兩。出口淨數爲一億五千八百萬兩。至宣統二年。進口淨數、四億六千二百萬兩。出口淨數、三億八千萬兩。計進口增加二・二倍。出口則增加二・四倍。迨民國七年。進口五億五千四百萬兩。出口四億八千五百萬兩。進口增加。尚不達百分之二十。而出口則增百分之二十八。故出口之增加率。常較進口爲速。（民國九年、進口增加較多、由於進口商家競行投機所致、自屬例外、）究其原因。則鐵路發達之效也。蓋在光緒二十六年以前。我國鐵路。僅上海吳淞一線完全通車。當時京奉鐵路。僅通至錦州。京漢鐵路。僅由盧溝橋通至保定。至光緒二十七年。中東鐵路。全線通車。二十九年。粵漢鐵路。廣州佛山一段通車。三十年。膠濟、京奉兩路。全線通車。粵漢路、佛山三水一段通車。三十一年。京漢、道清、萍株三路全通。三十三年。正太、滬寧兩路通車。三十四年。新寧、汴洛、滬杭甬三路通車。宣統元年。京張鐵路通車。二年。漳廈、滇越兩路全通。三年。廣九鐵路通車。民國元年。津浦、南潯、吉長、三路全通。二年。京綏鐵路。通至大同。自是而後。武岳、開徐、錦州通裕、直隸柳江、山東嶧縣等路。相繼開通。凡鐵路所至。交通便利之區。貿易無不日有起色。即如漢口。光緒三十年。出口貨價。僅值七百十四萬兩。宣統元年。乃爲一千七百八十三萬兩。僅五年間。竟增加二倍之多。此實由鐵路開通。農產物出口增加所致。如芝蔴一項。即其例也。漢口芝蔴出口。在光緒三十年。僅六十一萬六千擔。價值二百四十六萬五千兩。宣統元年。則爲一百九十一萬七千擔。價值一千四十六萬七千兩。計數量增加三倍有奇。價值增加四倍有奇。此則京漢鐵路之效也。膠州、光緒三十年。出口貨價。僅八十四萬五千兩。宣統元年。乃爲四百五十四萬兩。直增加五倍以上。民國八年。更增爲二千五百四十六萬兩。則膠濟鐵路之效也。東三省、自有鐵路以來。農產出口。亦逐年增多。例如大連。光緒三十三年。出口貨價。僅二百二十萬兩。宣統元年。則爲二千二百三十二萬兩。僅三年間。增加十倍。民國九年。更增爲一億一千一百三十二萬兩。抑鐵路之能助長出口貿易。又有最顯著之一例。則天津出口之胡蔴子是也。胡蔴子在宣統三年以前。並無出口。及京綏鐵路通至山西北部。遂爲出口大宗之一。自宣統三年八月開始輸出。迨民國元年。已達四十四萬二千擔。其時鐵路通至陽高。纔及一年耳。

鐵路發達。進口貿易。亦頗蒙影響。約略言之。則有四端。（一）農產物出口增加。其價格亦因之愈昂。農家購買力既增。洋貨之需要遂多。（二）鐵路交通。內地風氣一變。奢侈程度增高。而洋貨之消費愈夥。（三）鐵路運費較廉。運輸尤便。（四）鐵路運貨。較之水陸運輸。內地厘稅負擔輕微。（鐵路沿線關卡較少無層層納稅之煩）蓋鐵路之效力實足以促進貿易。苟無國內變亂及歐戰影響。進出貿易之發達。必不僅如今日也。

於此有不能不爲之一言者。則對外貿易所受金銀比價變動之影響也。我國用銀。與金本位國通商。若銀價跌落。則值金較少。銀價高漲。則值金較多。據歷年海關所換算。每關兩銀、平均值金如左。

光緒十七年	四先令十一辨士
十八年	四先令四辨士四分一
十九年	三先令十一辨士四分一
二十年	二先令二辨士八分三
二十一年	三先令三辨士四分一
二十二年	三先令四辨士
二十三年	二先令十一辨士四分三
二十四年	二先令十辨士八分五
二十五年	三先令〇辨士八分一
二十六年	三先令一辨士四分一
二十七年	二先令十一辨士十六分九
二十八年	二先令七辨士五分一
二十九年	二先令七辨士三分二
三十年	二先令十辨士五分二
三十一年	三先令〇辨士十分一
光緒三十二年	三先令三辨士二分一
三十三年	三先令三辨士
三十四年	二先令八辨士
宣統元年	二先令七辨士十六分三
二年	二先令八辨士十六分五
三年	二先令八辨士四分一
民國元年	三先令〇辨士八分五
二年	三先令〇辨士四分一
三年	二先令八辨士四分三
四年	二先令七辨士八分一
五年	三先令三辨士十六分十三
六年	四先令三辨士十六分十三
七年	五先令三辨士十六分七
八年	六先令四辨士
九年	六先令九辨士二分一

備考　海關換算係據倫敦銀價例如民國八年倫敦銀價最低四十七辨士、最高七十八辨士八七五平均每關兩值六先令四辨士。

銀價漲落無定。顯生二弊。卽進出貨價。合銀值加多。合金值非必加多。例如光緒十七年至十九年。此三年中。進口貨價值銀已增一千萬兩。值金反減少四百萬磅。光緒十七年至二十四年。此八年中。進口貨價值銀又增七千八百萬兩。值金仍少三百萬磅。出口貨價亦然。光緒十七年至二十四年。此八年中。值銀已增五千八百萬兩。值金反少二百萬磅。卽以民國二年而論。進出貨價。較之光緒十七年。值銀已增四倍。值金則僅增二倍半。故金銀比價不同。則貿易上無眞實之統計。此其一。匯兌時生變動。進出兩有所損。銀價過高。則洋商不能多購土貨。土貨旣難暢銷。華商亦無力多辦進口貨。當歐戰期間。銀價高漲之時。卽坐此弊。而以匯價之不可預料。商人之從事國際貿易。尤漫無把握。例如民國九年。一二兩月間。銀價之高。爲從前所未有。華商競起投機。相率向外洋訂貨。致是年進口貨價。陡增至七億六千二百萬兩。詎知是年銀價。由二月之九先令三辨士。跌至十二月二十二之三先令十一辨士。遂大起恐慌。倒閉多家。至今進口行家。猶多引爲厲戒。故匯價不平。則商人不能安心從事於國際貿易。此其二。前者之弊。不過不能核計本國眞正之盈虧而止。而後者之弊。則阻害進出貿易之發展。雖有鐵路助長之效力。亦幾以是而兩相抵消矣。

自來我國對外貿易。進口常超過出口。試卽前表所列進出兩項比較之。則歷年貿易耗虧（卽貿易入超）如左表。（單位百萬兩）

年份	盈	虧	年份	盈	虧	年份	盈	虧	年份	盈	虧
同治三年	盈	三	光緒九年	虧	三	光緒二十八年	虧	一〇一
同治四年	虧	二	光緒十年	虧	五	光緒二十九年	虧	一一二
同治五年	虧	一八	光緒十一年	虧	二三	光緒三十年	虧	一〇四
同治六年	虧	一一	光緒十二年	虧	一〇	光緒三十一年	虧	二一九
同治七年	虧	二	緒光十三年	虧	一六	光緒三十二年	虧	一七四
同治八年	虧	八	光緒十四年	虧	三二	光緒三十三年	虧	一五二
同治九年	虧	八	光緒十五年	虧	一四	光緒三十四年	虧	一一八
同治十年	虧	四	光緒十六年	虧	三九	宣統元年	虧	七九
同治十一年	盈	八	光緒十七年	虧	三三	宣統二年	虧	八二
同治十二年	盈	四	光緒十八年	虧	三二	宣統三年	虧	九四

同治十三年	盈	二	光緒十九年	虧	二六	民國元年	虧	一〇二
光緒元年	盈	一	光緒二十年	虧	三三	民國二年	虧	一六七
光緒二年	盈	一〇	光緒二十一年	虧	二八	民國三年	虧	二一三
光緒三年	虧	六	光緒二十二年	虧	七一	民國四年	虧	三五
光緒四年	虧	四	光緒二十三年	虧	三九	民國五年	虧	三四
光緒五年	虧	一〇	光緒二十四年	虧	五〇	民國六年	虧	八六
光緒六年	虧	二	光緒二十五年	虧	六九	民國七年	虧	六九
光緒七年	虧	二〇	光緒二十六年	虧	五二	民國八年	虧	一六
光緒八年	虧	一〇	光緒二十七年	虧	九八	民國九年	虧	二二一

大抵咸豐十年至光緒六年。此二十年間。盈虧尚不甚相遠。(同治三年及同治十一年至光緒二年尚略有盈餘)光緒七年至十四年。虧耗漸鉅。常在一千萬兩上下。自是以後。江河日下。自光緒二十七年起。達一億萬兩以上。宣統年間。匯價跌落。出口貨物。隱受其利。虧耗爲之一減。歐戰期內。進口貿易不振。則又爲之一減。過此以往。世界和平克復。進口超過。又恢復原狀。民國九年。達二億二千一百萬兩。虧耗之鉅。直爲通商以來所未有。據光緒三十年。稅務司馬士(Mr. H. B. Morse)著『通商出入款項確實情形考』一書。(註)計算我國無形進出款項。其時尚屬相敷。今則國債纍纍。已大非昔比。而對外貿易。又耗虧如此。國家進出兩款。不問而知其不敷甚鉅。外人詆我爲行將破產之國家。固無足怪矣。

大凡民窮財盡之國家。惟發展對外貿易。而後可以有起死回生之望。據民國八年美國駐華商務參贊安納德調查。略謂現在澳洲對外貿易總額。約與中國相等。以澳洲人口計之。每人平均約占美金一百六十元。中國對外貿易。每人平均約占二元五角。如中國貿易發展至澳洲地步。每年總額。將由十億萬兩增至六十五億萬兩。日本對外貿易。每人占美金十八元。約七倍於中國。美國每人占八十五元。約三十四倍於中國。而欲求中國對外貿易發展。則必先謀交通便利。如道路、鐵路、水道、電報、郵務等。皆宜積極進行云。夫我國對外貿易。非無發展之餘地。徵諸前述歷年貿易統計。固已有增無減矣。惟是國步艱難。民智幼稚。關於一切發展商業之條件。未能具備。對外貿易之所以有今日者。猶是沐天然之恩惠。非人力也。蓋一國貿易之發達。原非無因而至。必有完備之交通機關。以利其推行。有靈敏之金融機關。以資其活動。改良製造。直接輸出。國民竭其能力注重產業之啓發。商人富於智識周知世界市場之大勢凡此皆發展商業之要件也具此要件。對外貿易必盛。否則未有不衰敗者。故今後誠欲發展對外貿易非我國民亟起努力不爲功。時哉不可失也。

註　節錄馬士『中國通商出入款項確實情形考』

出款

甲、光緒二十九年洋貨從外洋進口照起岸時之價值……三億一千萬兩

說明　此數係根據是年關冊

乙、光緒二十九年由外洋運進金銀之價值……三千七百萬兩

說明　是年關冊載金銀進口值二千七百萬兩、此外華僑在外洋隨身帶回洋錢值一千萬兩、

丙、借款賠款本利兩項……四千四百萬兩

說明　是年應付借款本利二千五百三十八萬九百兩、賠款本利一千八百八十二萬九千七百兩、

丁、出洋公使并參領隨員用費……一百三十二萬兩

說明　此係根據光緒二十七年駐京各國公使查出之清數

戊、派出游歷官員及留學經費……三百萬兩

說明　此係當時估計之數

己、在華洋人實得之利買匯票兌回之項……一千六百萬兩

說明　此項最難估計、蓋洋人大半不若華人之節儉有須寄款贍養家族、一無所積者、有寡婦及家屬留居在華者、又有將積蓄之款、在華放出或購股票或營別業又有平素在本國放債生息者、又有在華放債生息者、其不在華營業、而以所蓄現銀、匯寄回國者、有華人在通商各口所置實業及公司股票足以相抵、但洋人回國、不論遲早終須將蓄積之資金全數帶回、不過調查甚難茲但就各口實業租金淨數及各項公司股息(匯豐銀行在內)等項查明如下、(一)收上海每年租金計四百五十萬兩、(二)收香港每年租金計二百五十萬兩、(三)收各口每年租金計二百萬兩、(四)合股利息借票利息(照上海匯票行家具報)計七百萬兩、四共計關平銀一千六百萬兩除匯豐銀行外、

其餘外國銀行所得之利、未計在內、又經營他業、如紗廠等虧本之數、亦未計及、

庚、外國公司所收在華水脚及水火保險各費……六百七十五萬兩

說明　外國輪船公司、全係洋商、所收中國水脚等費、每年計共一千五百萬兩、應扣除在華盤運貨物、延用經手以及往來開行等費九百萬兩、計淨得六百萬兩、至水火保險所獲之利、應扣除代辦經費及賠償費、計淨得七十五萬兩、

辛、進口軍械（未載入洋貨進口價內之數）……五百萬兩

出款共計……四億二千三百萬兩

入款

子、光緒二十九年土貨出洋照裝船出口時之價值……二億三千六百萬兩

丑、出洋金銀價值……三千三百萬兩

說明　以上兩款均根據是年關册

寅、土貨運往邊界多於關册所載出口之數……四百萬兩

說明　此數係由下列三項推測而來、（一）法屬東京進口土藥、據該處海關册報、多於中國海關册所載出口價值、計一百二十五萬佛郎、合關平銀四十萬兩、（二）由襄河運往俄國之茶葉、以兩年具報之數、折衷計算、每年計有一百萬兩、（三）邊界貿易、如由蒙古運往西伯利亞、由四川運往西藏、其彼處進口之數、較多於我之出口、約二百六十萬兩、

卯、建造鐵路開採礦產等費……二千七百萬兩

說明　此款係由各國借貸、現尚未至還期、應付利息、亦由資本內撥付、查俄人承造之路、係用巨貲趕造、以期速成、但每年平均計算、該路亦應按照他路所需用費、一律核算、方爲得當、俄人承辦之滿洲鐵路、中英合辦之直隸滿洲鐵路、英國承辦之山西鐵路、德人承辦之山東鐵路、法人承辦之雲南鐵路、比人承辦之盧漢鐵路、美人承辦之粵漢鐵路、以上七處路工、平均計算、每年在華各應出資本英金五十萬磅、合計三百五十萬磅、値關平銀二千七百萬兩、惟購辦機器、估值八百萬兩、已載入洋貨進口項下、所餘資本、即係築造鐵路、建設廠屋以及員工薪水、即山東一處、造路開礦、五年之間、德國已用去五千五百萬馬克、合關平銀二千零五十萬兩、此款除總行經費以及各人私蓄二

百五十萬兩外、尚有一千八百萬兩、五年平均每年需費三百六十萬兩、與以上所估、仍可相符、

辰、各國使館領署駐華用費……五百萬兩

說明　(一)英國駐京使館一處、各口領署二十七處、每年共需經費四十六萬五千兩、威海衛地方文員年俸等費九千磅、合關平銀六萬八千兩、電報等費四萬二千兩、三項共計五十七萬五千兩、(二)美國領署九處、如以英國經費類推、當有二萬三千五百磅、該國俸廉雖薄、而他項經費、或有過之、故使館及領署等費、亦計有十七萬五千兩、(三)法國領署十處、使館及領署等費約計二十萬兩、又廣州灣地方文員年俸等費、約計三十萬兩、共爲五十萬兩、(四)德國領署九處、據該國預算表、每年使館及領署等費、計需三十七萬兩、又膠州灣地方文員年俸等費三百四十萬兩、兩項共計三百七十七萬兩、內除各人私蓄七十七萬兩外、當有三百萬兩、(五)日本領署十一處、併使館經費、每年約計十五萬兩、(六)其餘九國使館及領署計二十三處、約需經費六十萬兩、

巳、外國駐華陸軍用費……七百五十萬兩

說明　(一)香港英國軍費、每年十二萬八千磅、合關平銀一百萬兩、(二)膠州灣德國軍費、每年三百三十九萬馬克、合關平銀一百二十五萬兩、(三)廣州灣法國兵費、每年約二十五萬兩、(四)旅順及滿洲鐵路守兵、俄國每年經費、共約數百萬兩、今以最少數計之、爲二百七十五萬兩、(五)使館守護洋兵及直隸一帶、約需二百二十五萬兩、

午、外國軍艦及水手在華用費……一千五百萬兩

說明　此條係將廣州灣、香港、膠州、威海衛、旅順、併計在內、所估之數、係由訪問各艦之軍需官及參考各國官報而來、(一)英國海軍需費五百三十萬兩、(二)美國海軍需費四百萬兩、(三)俄國海軍需費二百萬兩、(四)法國海軍需費一百五十萬兩、(五)德國海軍需費一百萬兩、(六)其餘各國海軍需費、一百二十萬兩、

未、外國商船及水手在華用費……二百萬兩

說明　據日本調查、每一洋船、抵該國口岸、需費日金四百元、合關平銀三百兩、光緒二十九年、由外國到華商船、計六千七百隻、依日本所估之數類推、每年應有二百萬兩、

申、洋船在上海及他口修理等費……一千萬兩

說明　上海耶松船廠、三年分得實利、平均計算、每年應得七十五萬二千兩、上海造船修船等事、幾爲該廠所獨占、若照該廠收進總數、其淨獲之利、諒不得少於一分、以上海修船之費七百五十五萬兩計之、內除一百萬兩、作爲華船及軍艦修費、則合上海香港福州等處、每年外國商船修費、至少有一千萬兩、

酉、在華所設外國教堂醫院學堂等費……………………六百萬兩

說明　此數係根據外國匯兌之詳細帳目、酌估每年匯兌總數應有六百萬兩、

戌、洋人到華遊歷等費……………………………………六百萬兩

說明　據日本調查、每年外人游歷日本之旅費、計日金一千六百萬元、合關平銀一千二百五十萬兩、但外人游歷日本、比來華者較多、今於在華游歷費用、僅估爲六百萬兩、

亥、留寓外洋華人匯回款項及帶回現銀……………………七千三百萬兩

說明　此款所估、係最少之數、先將由各處匯回最少最多之數、分列於左、

地名	最少	最多
(一)美國及坎拿大	一千四百萬兩	三千八百萬兩
(二)檀香山	一百五十萬兩	三百二十五萬兩
(三)中南美洲	二百萬兩	五百萬兩
(四)澳洲	五百萬兩	一千萬兩
(五)日本	一百五十萬兩	二百七十五萬兩
(六)西伯利亞及朝鮮	一百五十萬兩	二百萬兩
(七)飛律賓各島	三百萬兩	四百萬兩
(八)安南	五百萬兩	一千五百萬兩
(九)新嘉坡及馬來半島		

(十)荷屬印度般鳥在內 (十一)暹羅	一千七百萬兩	三千五百萬兩
(十二)英屬印度	二百五十萬兩	一千萬兩
(十三)臺灣	二百萬兩	五百萬兩
共計	五千五百萬兩	一億三千萬兩

(一)美國光緒二十六年人口調查、羅基山之東、有華民二萬二千五百二十四人、羅基山之西、有華民六萬七千七百二十九人、又坎拿大有華民一萬一千八人、共計爲十萬一千二百六十三人、故某君估計每星期由美國西部匯寄至香港、約四萬磅、至上海約二萬磅、至中國他口約一萬五千磅、三處共計七萬五千磅、每年約三百七十五萬磅、而美國東部匯款亦過一百萬磅、今卽以一百二十五萬磅爲準、東西合計共匯五百萬磅、合關平銀三千八百萬兩、據英國駐華商務參贊哲美森報告、北美洲西部華僑每年匯回款項、亦係五百萬磅、

(二)據美國人口調查、光緒二十六年、檀香山華僑二萬五千七百六十七人、其中經商者半、務農者亦半、每年平均一人匯回一百二十五兩、共有三百二十五萬兩、

(三)據德國駐華領事參贊葛君調查、光緒二十九年中南美洲華僑十四萬五千人、惟多事農工、獲利有限、今以最少數估計、每人每年匯回三十五兩、亦有五百萬兩、

(四)據葛君調查澳洲華僑三萬人、某君估計每年匯回七十五萬磅乃至一百萬磅、合關平銀六百萬兩乃至七百五十萬兩、若據哲美森光緒二十七年報告則有一百五十萬磅乃至二百萬磅、今以每人匯回三百三十三兩計算、亦有一千萬兩、

(五)日本華僑男五千五百人、女一千五百人、女均係家屬、非能自謀糊口、男則經商、或爲買辦、或爲收銀、亦無洗衣以及服役各事、又無苦工、所以其餘利、當倍於在美者、以每人匯回五百兩計、應有二百七十五萬兩、若以某君所估餘利、每人每年則有千元、

(六)據葛君調査、西伯利亞及朝鮮華僑二萬八千七百人、大半小本營生、獲利無幾、每人每年只以七十兩計、共有二百萬兩、

(七)飛律賓羣島華僑八萬人、間有充當城中下等執事及從事農業者、故獲利無多、每人每年以五十兩計、共有四百萬兩、

(八)安南華僑十五萬人、西貢米業、全歸華僑掌握、惟該處待遇華人、較之暹南一帶、總遜一籌、況華僑又須納稅、惟充當僕役者、薪工頗豐、故

每人每年以百兩計、共一千五百萬兩、

(九)新嘉坡及馬來半島華僑九十八萬五千人、

(十)荷屬印度及般鳥島華僑十六萬人、

(十一)暹羅華僑二百五十萬人、某君估計新嘉坡馬來半島每年匯回二百二十五萬磅、合關平銀一千七百萬兩、荷屬印度五百萬兩、暹羅三百萬兩、共計二千五百萬兩、但該三處華工、往往先立合同、爲期又不甚久、故他處凡有所獲、無不匯寄回國、此處工人知識極淺、且因限期不過三五年、滿期後、卽將所蓄現銀、隨身帶回、查此等工人、每年出口之數、共有二十萬人、帶回現銀應有一千萬兩、此外則婦女出口、除售爲人妻妾者外、大半爲娼者居多、據葛君調查、光緒二十五年新嘉坡華民保護司册載有華婦五千五百十四人、在二十六年估計、此等婦女、由香港廈門汕頭至南洋各島之數、共有七千七百人、其在香港及新嘉坡售價不同、有一百元二百元不等者、因匯寄之數、係總數、非所得之利、故應以多數計之、每人每年卽以一百三十二兩計、共有一百萬兩、此項並未計算在內、

(十二)英屬印度緬甸共有華僑四萬人、冷貢商業、全歸掌握、某君估計某年匯回一百萬磅、以每人二十五磅計算、合關平銀一百九十兩、由葛里葛達及孟買哥冷波等處、每年匯回二十五萬磅至五十萬磅不等、亦有一千萬兩、

(十三)臺灣華民二百六十萬人、　其祖籍大半閩省、祖墓親戚、仍在原籍、每至春露秋霜、仍引領而望、以期祭掃、匯回款項、亦必無多、至殷實業戶、鉅商富賈、暨其在籍之家屬與夫茶季到臺作工之人、自與故土時有往來、每年所收租金、所獲餘利、幷工人餘資、匯回款項、當亦有五百萬兩、

以上十三項每年匯寄回國、共計關平銀一億三千萬兩、

又據某銀行調查、光緒二十九年在外華人匯回本國銀數、計紐約六百萬元、舊金山一千五百萬元、西貢七十萬元、濱角五百萬元、巴達斐亞一百二十八萬元、三碼冷三十六萬元、索拉把亞十二萬元、新嘉坡六百十五萬五千元、庇能四百四十萬元、冷貢一百二十三萬元、

今以最少數計之、據葛君估計、新嘉坡及馬來半島、荷屬印度、暹羅、臺灣等處每年共爲三千七百六十二萬兩、再加美國及坎拿大檀香山、中南美洲、澳洲、日本、西伯利亞及朝鮮、飛律賓羣島、安南、英屬印度等處最少之數三千五百五十萬兩、則共爲七千三百十二萬兩、此係最少之數、至南非洲華僑、在光緒三年以前、爲數已巨、並未計算在內、再訂立合同之華工、在第一二年間、向無積蓄、因須歸還船費以及預支各項、此

所載者、係積蓄之項、至於歸還船費支項於雇主、其實雇主仍將此項源源寄至中國、以備再雇新工之用、仍可目爲中國之進款、此數亦未計算在內、

入款共計……………………………………四億二千四百萬兩

出入兩抵贏餘……………………………………一百萬兩

第二章　出口貿易

我國出口貿易同治九年、爲六千一百六十八萬兩。光緒六年、爲七千七百八十八萬兩。十六年、爲八千七百十四萬兩。二十六年、爲一億五千八百九十九萬兩。宣統二年、爲三億八千八十三萬兩。民國九年、爲五億四千一百六十三萬兩。計自同治九年起四十年而增至六倍。五十年而增至八倍。出口貨物。多屬原料品。農產物實占其大半。而農產物中又以絲、茶、豆、植物油、油餅、棉花、生皮、種子、草帽辮、五穀、牲畜、毛羽、花生、蔴、雞蛋、肉、柏油、動物油、果實、蔬菜等爲大宗。（此等貨物在民國二年出口之數共約三億萬兩、佔出口總數七成四分有奇。）此外年在一千萬兩以上者。有絲貨及錫。年在百萬兩以上者。有煤炭、藥材、紙、爆竹焰火、菸、夏布、木材、棉布、磁器、海味、蓆、花蓆、桂皮及植物性揮發油等。

茲將同治九年以來。出口大宗貨物之趨勢。表示於左。（單位百萬兩）

▲主要貨物出口趨勢一覽表

	民國九年	宣統二年	光緒二十六年	光緒十六年	光緒六年	同治九年
絲	六八	三七	三七	二一	二三	三
絲貨	三五	一八	八	五	五	二
茶	八	三六	三五	二七	三六	三〇
棉花	九	二八	一〇	三	—	—
生皮	一六	一六	四	—	—	—
芝蔴	一〇	四	—	—	—	—

年份	民國二年	民國三年	民國六年	民國七年	民國八年	民國九年
錫塊	二	六	—	—	—	—
其他雜貨	九四	一五五	七〇	三二	一四	九
共計	五四一	三八一	一五九	八七	七八	六二

備考　表中空欄並非毫無出口，乃其數不及百萬兩，故未列入。

出口往各國之貨價，以日本香港爲最多。美國、英國、法國次之。德俄兩國因亂事影響，備極衰微。試列表比較如左。

▲出口貿易地區表

地區＼年份	民國二年	民國三年	民國六年	民國七年	民國八年	民國九年
香港	一一七、一二八、六六一兩	九四、四二八、五七一兩	一一五、八四二、九四六兩	一一六、九八八、〇二二兩	一三一、四九五、二九六兩	一三六、四六二、〇四三兩
澳門	四、九五二、三七八	四、二一五、九二一	四、九三九、四六九	四、五三七、七一六	四、七一四、二〇六	三、七三六、八二〇
安南	一、八八七、〇七三	一、八〇七、七八〇	一、六二一、九八四	一、五九三、五〇四	一、七八六、一八九	二、六四三、四九五
暹羅	二、〇二七、八九七	二、二三〇、一一六	二、三六六、〇七九	一、九七三、〇三〇	二、七四二、一三七	二、六六二、七一五
新嘉坡等處	七、五五二、七一〇	六、九六八、五一九	六、六七四、八五二	六、四〇〇、五三三	一一、二三〇、七九二	一六、五三八、九九五
爪哇等處	二、六〇五、〇六一	二、九三三、三五四	一、七一三、七七八	二、五九二、〇〇六	三、〇七二、三七七	四、〇二六、四四七
印度	六、一九〇、三〇七	六、七七六、八一九	六、九五〇、三八七	六、〇三七、八九二	九、五九九、四一三	八、七五八、二五一
土、波、埃等處	三、六九六、八五三	二、一五一、九三六	一、三五三、五〇二	三、〇四七、八五三	一〇、五〇七、二四九	一七、四五七、六六二
英國	一六、三四六、四一三	三三、五七六、七八一	二六、〇八九、七五九	二五、二六四、五八九	五七、一八六、二四二	四五、八〇四、五三六
瑙威	二、七〇六	二、二六八	九、八二三	九三	一八二、二七五	四〇三、七〇〇
瑞典	二三八、六五三	二三五、一六二	一、六八〇	—	一、四八八、八四八	六一二、五六一
丹國	二八九、四九五	六八五、八五一	一、六七八、八二三	五九八、五一三	三、二三一、一七八	五、〇〇三、六二三

德國	一七、〇二五、二二四	一三、〇六三、三三七	五〇	—	一六三、八六六	一、七六一、三〇三
荷國	八、六九二、四六五	五、〇八〇、二五六	二六、三五六	三四	一、七五八、五七五	一〇、五六五、一二七
比國	六、五四六、三九八	五、四四〇、九〇八	—	—	三、九八七、二一三	三、二七三、八八七
法國	四〇、七四九、七八二	二五、五九〇、九二四	二五、五三六、〇七九	三〇、四六九、六七七	三四、二六五、九八九	二一、〇一六、四四四
西班牙	三八〇、九二一	二五六、四九三	一九、二七九	一八、四五一	一、四九五	四五、一七四
葡萄牙	一八、四四五	二三、八〇一	—	—	—	—
瑞士	四七、六九九	一五、三三九	三、六九五	三七	一一、一三八	六〇、九八〇
意國	八、三一八、〇三八	五、七六五、六四四	三、九〇五、八二四	九、六三四、七八〇	五、一四四、二九二	五、五一八、三九八
奧國	一、五五〇、一七五	一、二六六、七八五	—	—	一、〇三一、七三六	二、〇八一、六〇五
俄國 歐洲各口	四、九八七、七二五	四、二三八、九六六	四七七、八一三	八三	三四、四一三	四、六一〇
俄國 由陸路	三、〇九五、八二六	三、九六五、九八〇	一三、四三八、二七四	一、九七二、三五七	五、五一六、五一七	四、二五九、四二〇
俄國 黑龍江各口	七、九六九、〇六三	八、三四九、五二四	七、〇八五、八六二	一、五九三、二二七	三、〇九九、二六三	三、一五五、二三八
俄國 太平洋各口	二八、八六八、八二三	二六、七八四、八四三	二八、七四八、五五七	一一、〇三七、六六二	一三、六七一、三三五	七、〇六二、一二五
朝鮮	六、八一二、九六八	五、〇二一、五五七	八、五一八、九三四	一三、六八五、四〇一	一三、六一七、九五四	二三、三四五、七四三
日本	六五、五四四、一八六	六四、六一六、〇五九	一〇五、七七三、八一九	一六三、三九四、〇九二	一九五、〇〇六、〇三三	一四一、九二七、九〇二
菲律濱	七六三、六四三	一、一五一、一九六	一、五六二、二八五	二、一五三、二二七	一、九九〇、二五四	三、三八四、九四五
坎拿大	六五三、三七〇	七九四、〇六一	二、六八六、五三三	四、一〇五、六一五	四、一八一、〇三三	一、〇三九、二六三
美國	三七、六五〇、三〇一	四〇、二二三、〇六五	九四、七八六、二二九	七七、一三四、二〇五	一〇一、一一八、六七七	六七、一一一、四五一
墨國及中美洲	五九、〇九八	一七、七九〇	五、一一八	四七	四、〇五二	六、五五〇
南美洲	六六、一二一	四三、七〇〇	四四、五三三	一〇二、五八九	一八六、〇二一	二五七、三七二

澳洲紐絲綸等處	五三六、三四三	四九七、〇六九	一、〇二七、三七〇	一、三四〇、九五一	七三三、四四八	一、四七三、八〇〇
南非洲	六二、七三五	三六、二七四	四一、八九一	一一七、八五八	四九、九〇七	一七〇、一二六
共計	四〇三、三〇五、五四六	三五六、二三六、六二九	四六二、九三一、六三〇	四八五、八八三、〇三一	六三〇、八〇九、四一一	五四一、六三一、三〇〇

至出口各貨數量價值。則如左表。

▲出口貨物一覽表

種類	數量價值	民國二年	民國三年	民國七年	民國八年	民國九年
棉貨類						
本色市布	兩	—	一〇〇	八五、四八六	一〇一、六六一	九八、二二三
	疋	—	三三	一五、五四七	一四、七九〇	一五、〇一〇
粗布	兩	二、一一九	三四八	三〇〇、七九七	一三三、五五〇	三三二、八一九
	疋	六〇五	九〇	二八、二一三	一六、八七〇	四一、〇一六
粗斜紋布	兩	一、七九〇	八五五	一一五、二六八	一四六、〇一三	六七、七七九
	疋	五一一	一七九	一七、四三四	二〇、三三八	九、三一一
土布	兩	二、三五八、五五一	一、八一四、〇一三	二、七一四、七〇五	二、九六五、三七二	四、三二七、一四六
	擔	四八、〇五六	三六、五二三	四六、八二六	四五、一三二	六七、七三六
花土布	兩	二一五、一一九	一四九、八三三	一、二六八、六八六	一、六二五、八五〇	二四三、七六七
	疋	九六、九九九	六八、八二一	五一一、四八三	五〇七、六六七	一一三、九五一
棉紗	兩	一六、七三一	四六、九七九	一、〇〇〇、四九七	二、六九五、八六三	二、九〇一、八七六
	擔	一、二七七	三、八五五	二七、七四五	六七、二〇三	六九、六五四

五金及礦石類						
純錫	兩			三、一一七、九六六	五四一、四六五	七九三、七三三
	擔	九四二、五一九	一、三八七、四一二	三三七、七九六	一〇三、六五一	一六〇、八一五
生錫	兩	二三五、四〇六	三三四、七二七	一一九、八三〇	七三、九三三	二六六、八二四
	擔			二六、一九三	三五、三〇六	七五、三四一
錫礦砂	兩	一四九、九九一	一五五、八一六	三、八一〇	二〇、六〇〇	六八、四八八
	擔	七一、九二四	八六、一九二	七、九三九	九、五八四	三三、三四八
紫銅錠、塊	兩	二四、五一〇	二八、一三六	八三三、六四九	一八六、三七二	七九、九六九
	擔	三、〇九一	一、八二九	四四、七一〇	九、一五三	三、一六二
鐵條、鍋胚、釘條鐵	兩	一六七	四一八	一九四、一五三	二、七五一	八〇、〇四三
	擔	四三	八一	六〇、七三〇	三九〇	二四、六八六
鐵鍋	兩	一五一、八六八	一四六、二二五	九四、四八七	一三三、九二三	一五四、〇一〇
	擔	三七、二五四	三七、六五九	一六、三一〇	二三、六〇五	二七、六一七
鐵板、片	兩	二、三八〇	六	八〇、七九〇	四五、八九七	一〇〇、〇七二
	擔	二二三	一	二四、八二九	一四、五五九	三三、四九四
鐵軌	兩			一〇六、六四八	一、〇八三	—
	擔			三七、八二九	三〇五	—
他類鐵製料	兩	一三四、四七四	一〇五、九四六	六七七、九三六	一四四、八七三	四六一、〇四四
	擔	一九、三三七	一四、六三四	二〇七、七一四	二四、六五〇	一三九、九五七
生鐵	兩	一、三三〇、二二七	一、二八七、一四一	一六、七三一、〇九七	八、一七五、〇二四	七、二八四、三四八

鐵礦砂	擔	一、〇七一、三六八	九九一、二六六	二、八〇四、〇二四	二、七一〇、二三一	三、〇六五、三六五
	兩	六〇九、七四四	六六六、〇八五	一、三五九、五九六	二、四〇二、五二四	二、六一一、七六〇
鉛	擔	四、五三〇、一六〇	四、九五〇、九七九	六、二六一、〇六二	一〇、五八九、三七五	一一、二九二、四〇七
	兩	二、七四四	一七、五七一	一三三、五四一	一、九五五	八一、五〇八
鉛礦砂	擔	六九三	三、八八一	七、六七〇	一七八	五、四五五
	兩	一三〇、九二八	二一〇、四九三	四九、一五八	六、六九八	一三五、七六六
水銀	擔	六七、二三〇	六一、五二四	一五、四九三	二、二七〇	三九、五三四
	兩	三、五九九	一〇四、二八二	七二七、八六一	三三三、一八九	一二九、九六七
錫塊	擔	三五	九八六	四、八五一	一、三三九	七五二
	兩	一〇、九一六、九〇六	七、九七八、五五八	一一、〇〇九、〇六七	八、四二八、一三三	一一、〇九八、一六七
攙錫	擔	一三八、六八八	一一九、三三五	一四五、八一七	一四六、〇二五	一八九、九四〇
	兩		一七、六二六	三二、二一七	四、四七一	四、一〇一
鋅	擔		一、〇四五	三、二九〇	三三三	二三四
	兩	九六、七六一	三二、〇一三	二七、七八七	二四、一九八	一三、四五八
鋅礦砂	擔	一五、〇一七	五、一一三	二、一三九	一、八〇四	一、六一九
	兩	一一〇、五〇三	八五、四〇〇	三、二九六	三四	一五六、七九六
他類五金及礦石	擔	一五七、八六〇	三一、八八四	二、七三九	三四	一五〇、七二九
	兩	四〇〇、九六八	三三五、六五二	三、五四三、四四四	四二一、二〇五	三七三、九二三
他類礦砂	擔	四九、五九三	三一、六三四	一、二一一、六二〇	八八、四七四	一五四、六三四
	兩	五三、九八〇	一二六、七七四	七、八二六、七三四	一、六六五、八九二	一、五六四、六五三

	擔	一三九、五一八	一四六、三一三	六八七、一四六	二三五、四三三	五〇七、八五六
明礬	兩	四三、五九二	六〇、七六二	一六五、〇〇五	二六一、九三九	三三六、七九〇
	擔	一九、八三六	二九、九七〇	四〇、二六〇	五四、六五〇	七四、六二五
牲畜						
牛	兩	三、〇七八、四九七	二、八六五、八五六	八六四、三八九	八七八、〇八二	二、一四三、一九二
	匹	八六、五六五	七六、七二七	二八、八五二	三四、五五二	五七、四〇七
山羊	兩	二三、二〇一	二四、八五三	一四、七九七	二〇、九九七	三三、六八三
	隻	一〇、一九五	一〇、五九三	四、九九六	七、一一〇	九、六八七
綿羊	兩	一八二、六一八	一四五、七六八	一三九、一八七	一四五、五六八	二七九、〇九四
	隻	四四、〇七三	三六、〇〇一	三三、七一四	二六、七〇五	三七、一八三
馬	兩	八九、三八二	九五、〇七〇	一七、一八三	二六、九五〇	二四、四四四
	匹	一、八八二	一、八六九	四六一	五八五	三九六
豬	兩	二、七二〇、五四四	二、三〇六、四七三	二、一四三、五四〇	二、二六九、四五〇	二、三一二、五七六
	隻	二七七、八四八	二六四、三五九	二五九、五一二	三〇二、七一四	二九七、五四九
家禽	兩	六三二、七七〇	六〇三、九六四	六六三、二五五	六六三、八〇六	七〇五、四九六
	隻	二、七七九、五四三	二、九五三、九三三	二、八七五、五〇五	二、九四七、四三五	三、二九〇、六一三
他類牲畜(驢騾在內)	兩	四、二九一	五、〇三三	一三四、七三七	一六、九五〇	三、二四四
	隻	一六二	三三五	二、二四一	三七六	一五三
軍械軍火	兩	四八、三七五	一〇一	八、九七五	七三、七九〇	四、八七三
信石	兩	五、七四〇	一一、七五八	七、四四三	一〇、五六七	九、一四七

	擔	六三九	一、三六七	六四三	九五二	八一六
各種包袋	兩	四〇一、〇八三	五〇三、二九四	四四五、八三八	三〇四、九八二	[illegible]八一、七三七
	個	九、八一〇、六一五	一一、三四九、一八二	六、七七一、二八三	三、八二七、一三六	三、〇一一、一七八
竹及竹器	兩	九四二、三六一	七四三、〇〇三	七二四、八一四	九三五、四九〇	一、一〇五、〇二八
筍	兩	六三、四六八	七三、一三八	四七、二九〇	五三、六八二	五四、二五九
	擔	一一、一八七	一一、一九二	六、六〇〇	八、八七七	八、九九一
香蕉	兩	六、一七六	一〇、七七四	六三、六八〇	二四、四四一	二六、二五〇
	擔	五、四四七	一四、六一三	五五、三六五	一九、七四二	二三、一一四
荳餅	兩	二四、九六二、七八二	三三、〇二一、五七一	二九、八八二、八二九	四四、一七三、一一八	四一、九五九、一〇七
	擔	一一、八一八、四四三	一〇、七六九、四四七	一六、三六六、八五四	二〇、七二四、七六九	一八、九九八、九〇三
乳腐	兩	一九八、七六四	一七七、八一三	二二二、二四七	二三二、一四〇	二六七、五九八
	擔	三六、三四九	三一、八二四	二八、二四二	三〇、三七九	三五、九四八
荳						
黑荳	兩	二四八、四九二	二八〇、一一六	二四七、九四三	二〇七、五七五	二〇九、五三三
	擔	九三、九二二	一一二、九五一	一〇一、一〇八	七八、四二九	七一、八四八
青荳	兩	九四三、〇七八	五〇六、四六六	四五四、一六九	二、六二三、三一〇	一、二六四、九五六
	擔	三四〇、〇四九	一九三、五一七	一六一、六〇二	九一一、二八四	四一三、〇八三
白荳	兩	二七四、〇一九	一四七、六一九	一、二九二、五七五	一、七五九、九一一	四七三、〇八二
	擔	一〇三、五〇二	五四、五二八	四七五、二〇四	六六〇、四〇二	一七四、二二九
黃荳	兩	一六、四八〇、二一〇	一九、〇一九、三六六	一四、三三九、〇二三	一六、七七五、〇二三	三三、三五九、一八二

	擔	七四一九、五二一	八、六二一、一五三	六、三七一、一一一	一一、三三七、三八三	八、一四二、〇三三
他類荳	兩	五、三四三、〇七四	五、三三六、六七三	三、六六九、九一八	五、四七〇、六三三	三、一二四、七八二
	擔	二、三六六、九七六	二、一九〇、一五三	一、七三六、八八六	二、二四一、六三五	一、四八〇、〇三八
豌荳	兩	八、〇〇三	七四六、八九三	六五四、二五三	一、三三四、四一四	七八一、二〇一
	擔	二、〇〇五	二七七、三五〇	二六一、五六一	五六五、〇二九	三〇六、三八二
八角茴香	兩	二三六、九二二	一七一、七六七	二九四、三〇七	一三七、七四一	一五九、七九七
	擔	一一、〇一九	八、五八一	二三、五七五	一三、三五三	一五、三六一
啤酒	兩	一七、二〇二	三三、九八五	五六、二八五	五二、五二七	一九、七四九
檳榔	兩	五二、一七七	一一七、三六五	一〇九、三七九	九三、九七四	一三三、〇一七
	擔	八、〇三七	一八、三九六	九、八六四	八、五一〇	一二、四三一
骨	兩	五九六、一三三	七七四、〇四八	七二一、一五三	一、〇六六、五一三	九六一、〇五一
	擔	五五七、一六七	六一九、九五〇	五七七、三八八	八〇八、三八六	六九二、七二七
書籍	兩	三〇九、七六三	三四七、二三七	三三五、〇二九	三三〇、一二八	四〇五、〇七二
	擔	六、一五八	六、四三八	五、四九五	五、六四三	七、六七七
糠(麩)	兩	一、一六五、一八七	四五三、七六八	一、五九五、二〇三	二、一八六、九九九	二、五七九、四三三
	擔	一、〇二七、三九六	四二八、〇一二	一、三三三、九九九	一、六八七、二四〇	一、七九一、一二二
黃銅箔	兩	一三、八二〇	四、三七四	一三、七一八	一七、七六三	二六、一四八
	擔	二四一	七九	一八六	二四八	三九三
黃銅器	兩	二〇七、〇七一	一四五、三九三	一七三、三九四	二六四、七四一	二〇三、九九九
	擔	四、三二五	三三、〇九二	三三、一七一	四、九三三	五、九一四

甎瓦	兩	四三四、一五九	四九六、七〇七	四二四、五三三	五五〇、四五三	四七三、二五三
	塊	六〇、六六九、五五八	七三、四〇八、五九七	五九、八二三、一七一	七〇、〇二三、五〇七	七八、八五一、四七一
豬鬃	兩	四、四三五、三三六	四、四三九、九六三	六、六八二、四六四	四、七四八、八九〇	六、二三四、二八九
	擔	五一、七一五	五〇、六五二	七一、六一一	五一、六三一	五八、八五三
黃銅鈕扣	兩	二二、三五一	七、五五三	二〇、八五四	一六、五九〇	一七、八四九
	擔	一九〇	一一六	二六四	二二八	二四〇
樟腦	兩	一二九、三五三	一三一、五七四	四二八、〇七四	一、五九五、三一三	二、八四〇、〇四三
	擔	一、八五七	一、八一〇	五、七四二	二三、〇九三	二九、九九七
蠟燭	兩	二七、六一一	四四、八八五	四三三、八四七	五五八、二〇〇	八一、五一七
	擔	一、七三三	二、七〇〇	一六、四八四	二七、七一九	四、四四三
細竹竿等	兩	一七六、三六〇	二三五、九六五	二三〇、一〇七	一三〇、二〇七	九六、六八七
	根	一四、三三三、五九二	二二、一四三、六〇四	二、三七六、四五一	一七、五七七、八七一	一一、五四六、七七六
砂仁、荳蔻	兩	四、六四六	五、一八五	三、二八六	三、八二八	二、〇三一
	擔	九一	六〇	八六	八九	五二
地毯	兩	九九、八六三	一〇五、三四七	三六七、九四五	四六〇、五五〇	一、四二四、二五七
	條	一二、三九六	九、九八四	一七、七六九	五一、二〇五	七四、七二五
馬車、人力車	兩	一、七五四	二、七四九	二、八七八	七、〇四二	二、四二五
桂皮	兩	一、三三五、四七七	七八一、三六八	二九八、八九二	九二八、二五四	五五七、九一四
	擔	一〇〇、七六八	七五、八五八	五〇、〇二四	一二四、八八七	七〇、二二六
水泥	兩	三五八、八六七	三三七、六三四	四二一、九二九	一三八、九六九	一四一、〇二五

五穀	擔	三九六、四三五	四七一、八八二	五〇三、〇九一	一七〇、一三三	一七三、七九二
大麥	兩	四一八、一〇五	二六八、六五四	四七、八〇五	四九五、六〇七	二一九、八三一
	擔	二六五、七六一	一八八、七三七	三四、九〇三	二四六、四〇五	一〇三、六〇二
玉蜀黍	兩	九七、一〇六	八六四、三〇六	一三一、〇八六	一、一六二、三五九	六九五、七一四
	擔	五五、六一一	五二〇、一四三	七三、一〇七	七三〇、五三〇	二八七、九九五
小米、高粱	兩	三、八一六、五八一	一、八八七、七六四	二、三九五、七六一	八、七四五、一五一	八、七一九、三五一
	擔	一、六八二、一八七	八四〇、四八七	九二一、五三八	三、三一一、四三七	二、九五四、三一九
燕麥	兩	一三六、七〇五	一五〇、三〇〇	三五、二五九	四七、九五三	三六一、三〇一
	擔	六八、三〇四	七七、六六六	一六、七九四	五七、〇八四	一〇四、四〇二
米穀	兩	二三〇、〇七三	八三、〇九六	一一六、〇八八	五、一四四、六五六	一、〇五八、七六八
	擔	八四、四二八	二七、九三九	三六、二八一	一、三三七、六九二	三一一、八三四
裸麥	兩	—	—	—	—	
	擔	—	—	—	—	
小麥	兩	四、七六一、三〇五	三、八五〇、一七九	四、〇二一、六五三	一〇、〇七五、三八一	二五、三九四、八六四
	擔	一、八四八、〇七一	一、九六九、〇四八	一、八一五、四六一	四、四五三、四七一	八、四三一、五三〇
他類五穀	兩	六三、八七三	二六九、八〇九	二九三、五九三	三七二、八七七	二八六、六六三
	擔	三三一、五五三	六四、三五四	一〇六、九一〇	一八三、五三三	一二一、四八〇
炭	兩	一四六、〇九五	一〇二、七八〇	二三七、六八八	二三八、〇三四	三三三、二八〇
	擔	一三八、七〇五	一四四、二四〇	一七九、七六七	一九六、三一五	一八四、一八九

栗子	兩	三七、五六七	二九、七八九	二五、三九一	五七、五一五	一一七、九一三
	擔	一〇、一九九	八、六〇八	五、四〇四	一三、二〇〇	三三、四三八
茯苓	兩	一五二、六九六	一四四、七一五	一六四、八七七	一六一、〇九五	一五五、七〇四
	擔	二〇、九八五	一八、〇七五	二三、四九七	三三、二四〇	一八、一一三
磁器	兩	一、一六〇、六九一	一、〇七五、九三三	一、四八三、六一九	三、七八〇、二九五	四、九二三、一五七
	擔	一三五、八四二	一三三、八九〇	九五、五六八	一九八、七七三	二四六、〇三一
紙烟	兩	三六四、六八一	二四一、六一〇	二、一七四、一七五	六、四五八、二〇三	八、六六七、五一五
	擔	七、四四七	五、九五七	三一、七五一	五一、四三三	七六、二三一
雪茄烟	兩	三、六六〇	三、五二五	六、三三二	四、一九〇	三、五八四
	千枝	二、〇五六	一、四〇七	九五一	五八二	六八七
衣服、靴鞋	兩	八一七、〇五八	六四四、二二七	一、四〇八、六三三	一、八八五、〇九七	二、三一五、八四七
皮靴、皮鞋	兩	四、〇八六	六、三七五	六三、二九七	一三三、九五七	三四、七六五
	雙	六、〇七二	九、一二一	三三、九五三	四三、九九四	一八、四五五
煤	兩	六、五九二、〇七八	八、九七三、五九三	八、一四六、八九六	七、二五七、八七六	二、二一四、六二九
	噸	一、四八九、一八二	二、〇〇五、六二七	一、七〇八、一四九	一、四七七、四三三	一、九七〇、一八七
焦煤	兩	四三、五六七	八六、七五五	一、一四五、八三七	四四三、八〇五	二〇二、五四三
	噸	四、一五五	九、三九六	九三、四八三	三八、五一〇	一九、一〇三
各種繩	兩	一九四、六一七	二二六、〇三八	一三三、七三七	二七八、二八九	三〇〇、九一四
	擔	二七、九五四	三一、三二四	三九、九一七	四一、八八五	五五、八八七
脂粉	兩	五六、六九七	七五、二四〇	五六、九二八	五六、五五三	六七、八三二

軋花機器及零件	兩	七二	六三	七〇四	八四	一六九
棉花	兩	一六、二三五、六〇四	三、七二五、一五四	三七、八八七、三三七	三〇、二五三、四四七	九、三三四、五一二
	擔	七三八、八一三	六七五、一六一	一、二九二、〇九四	一、〇七二、〇四〇	三七六、二三〇
廢棉	兩	三五一、〇二七	二六九、三三一	二一九、六二五	五三六、二八一	三五八、一一三
	擔	五六、一〇三	四一、二一八	三三、四五九	九一、七八八	六九、五四〇
古玩	兩	九〇七、一二七	五九一、〇三五	一二六、〇八七	五一三、六七二	七五六、三六三
黑棗、紅棗	兩	三〇八、三一三	二四九、七四四	三〇六、七一一	三〇八、四一三	三三四、〇五一
	擔	五一、三七六	四六、四六七	四六、四三〇	四五、一九四	四六、六七三
染料	兩	五八、八〇四	四五、八九〇	四七、四二三	五九、〇九〇	八二、二五九
	擔	一九、六〇五	一八、三七三	一五、六五八	一三、六八九	一三、八四三
蛋黃蛋白	兩	二、九四三、九五六	二、八七〇、〇八七	九、三〇七、二二七	一九、八二五、〇九八	一一、九二八、一四三
	擔	一五五、九七三	一三二、一五八	二八九、三五七	六〇六、一八二	四二三、二〇三
鮮蛋、皮蛋、鹹蛋等	兩	二、七八八、〇六一	三、〇〇三、六四四	一、五五五、七二七	二、五六一、二八一	四、九九四、九四六
	千個	三六三、二〇二	四一三、四五一	二〇九、八六七	三四六、一一三	六四六、七〇〇
冰凍蛋	兩	六〇六、六五四	一、三四六、二三四	一九〇、二六一	二、五四六、一一五	四、五三四、三一二
	擔	七六、六九五	一六二、三七九	一三、〇七四	一八八、二〇六	三三二、六一三
各種便帽	兩	五六、二七七	五〇、七五六	七九、一一九	七〇、九九五	一二七、三二一
	頂	一五九、〇九八	一四六、七五九	二七六、六三七	三三一、七五一	三一二、一〇五
各種扇	兩	四九二、三八六	四二〇、〇五六	四八九、一一四	五八一、六八七	六五九、八二六
	千柄	五四、〇七〇	四四、三八二	四二、九五九	四八、六〇九	五三、五二三

雞鴨等毛	兩	一、四八四、八五七	一、〇四一、六六八	四六三、七九八	一、〇二七、六七八	一、〇三四、二三八
	擔	九八、六一九	七三、七〇五	三五、七一一	七五、一三七	七六、四四九
彩羽毛	兩	二一一、六二八	一七〇、七三四	七、一六四	二一七、九二五	二四一、〇九六
纖維						
棕	兩	六三、一四三	九三、三〇七	一四六、〇一三	一三九、八四一	七八、一六九
	擔	八、九六二	一三、五二七	一五、五五八	一四、六九六	八、四九三
青蔴	兩	五、〇四八	八九九	—	—	—
	擔	一、〇四三	一九九	—	—	—
火蔴	兩	六二六、〇三三	七〇〇、八九七	一、八一七、七七一	一、〇四一、〇二五	一、三五六、五〇三
	擔	八〇、九一三	七五、三三〇	一四八、六三四	一〇一、一九六	一一三、七五八
綠蔴	兩	七一五、三〇六	三四七、〇四四	四五九、八三九	四五一、二一〇	一五九、九四〇
	擔	一〇五、四〇四	六一、〇七三	八四、七〇二	七九、五一二	三〇、〇五三
苧蔴	兩	二、四八八、八七四	一、六六四、四六三	三、五四二、六三〇	二、七三二、八四七	二、八八四、二〇一
	擔	一七一、一二六	一三九、七九五	二七四、六二九	二一〇、九四一	一八七、〇二〇
爆竹、焰火	兩	三、一九九、九五三	二、四三五、八四一	二、一九七、一四二	二、八四九、一七三	三、三七一、五五九
	擔	一五五、五七八	一三〇、六七三	六九、二七二	九八、四五九	一二四、九四五
柴	兩	七五四、五三一	六四〇、四三二	一、一五〇、八四二	一、三〇六、九三一	一、〇三四、二四四
	擔	二、二四八、一六二	二、二七三、五六八	二、七八〇、八二二	三、三八〇、九四九	二、六七一、四七九
魚介海味						
鮮魚	兩	五七五、三〇一	五三〇、五六二	七五、五八三	九二、八七三	六六、八〇九

	擔	八三、四一五	九九、〇五六	一三、一六〇	一四、六九〇	一六、七〇〇
乾魚、鹹魚	兩	五六二、七〇三	五五〇、二七四	三二九、九五〇	三五七、四〇一	五四四、二三四
	擔	八二、七七二	七七、九九二	四三、五五一	四〇、三三四	七二、八三四
蚶子、蛤蜊	兩	—	五一六	三、一一一	四、〇三二	四、三一九
	擔	—	一八〇	三、〇七八	三、三〇四	三、一三四
鱿魚、墨魚	兩	二八四、〇四八	三〇三、一八〇	二五六、三三二	三三七、七四七	五七三、五三〇
	擔	一二、三三八	一五、八九二	一三、五五三	一三、〇〇一	一八、三〇一
蝦米、蝦乾	兩	三五、七六六	三二、九〇二	五九、六九八	五四、八二六	八二、〇二〇
	擔	一、七〇〇	一、八五六	二、〇九〇	一、七三三	二、五二〇
海蜇	兩	三四、四二九	三一、五三八	三五、一七九	三三、二九八	三七、七三〇
	擔	九、二四〇	八、二六四	七、三三九	六、四七〇	六、四七八
魚翅	兩	一二、八〇八	七、五六一	一三、〇七六	七、〇二二	七、四五一
	擔	一九九	八〇	一五二	六九	六七
他類魚介海味	兩	三七二、五五九	三四七、九〇七	三五〇、九八九	三一五、三四二	三三五、〇七五
	擔	二〇、七五四	一四、一二八	二一、三九九	五四、六〇四	四六、三四九
魚網	兩	二三八、二三三	二三五、一五九	一八一、七〇四	一八八、〇四六	二八四、〇七九
	擔	四、二四九	四、五四一	四、三三六	三、四二三	六、二六〇
山藷粉	兩	六七、四二六	六〇、七五五	七三、一七四	六四、〇九一	五六、六一八
	擔	一九、三一三	一五、五八一	一八、四六七	一六、四三〇	一四、二二二
麵粉	兩	五一六、九九七	三三六、八二九	八、四一〇、五五七	一〇、八七二、三三八	一六、二五一、七二二

	擔	一一九,四五一	六九,九三二	二,〇一一,八九九	二,六九四,二七一	三,九六〇,七七九
	兩	一〇〇,四五三	八二,四七〇	七四,四六一	八九,三一七	九七,九二八
他類雜糧粉	擔	二一,二七〇	一七,一〇九	一七,二九四	一七,四七〇	一九,八三七
	兩	一七七,〇三〇	二〇四,一〇六	二六八,〇九五	三一九,五九二	二八四,八二一
馬料（青草乾草）	擔	一四八,二一三	二〇一,六七〇	一三九,九二七	一三六,一一六	一七二,九〇九
	兩	五四九,八一八	五七〇,六七三	五三八,六八二	五六〇,六一三	八一四,九五九
未列名乾菓餞菓	擔	七六,五七七	七一,五一五	五二,七八四	六三,九五二	一一三,二八七
	兩	六六九,六九六	四八四,八四五	三四六,七二五	三三九,四六三	四六六,〇二五
未列名鮮菓	擔	三〇〇,一七九	二〇六,二四八	一六五,一三五	一五五,二七八	二一七,七五三
	兩	三三〇,九五四	四〇一,四七五	二九三,九一三	三三五,四一五	三六三,八七五
木耳	擔	一〇,六六五	九,七一八	八,〇一三	八,三三二	八,〇九九
	兩	一八二,一六四	一一二,二九六	一六三,一七七	二一四,二〇六	三一〇,四五八
傢具	兩	三三,四九八	二一,八〇九	三七,五四六	六四,二九六	三六,四八八
良薑	擔	一四,九七〇	一四,一六四	一〇,五八六	一九,八二六	一二,〇五五
	兩	五八七,五四五	六四八,四八三	七二六,五〇八	五三七,六三三	七四三,五七二
蒜	擔	二六三,五五〇	二八九,四八九	一八三,一一四	一四二,七九〇	二〇二,七五一
	兩	一九一,七八三	一八五,二二五	一六七,六八〇	二四六,八五〇	一四三,三八八
鮮薑、餞薑	擔	六三,五三三	五八,四五七	五二,九二八	一〇八,八一二	四五,八八三
	兩	二四六,八二九	一五八,三三三	二二五,六七五	二六〇,四〇〇	一三一,五三三
人參	斤	二九,一一二	七五,〇一九	一三三,四〇二	一二六,九七八	一〇三,二三四

玻璃器、料手鐲等	兩	三七一、八六〇	四一〇、八四一	二四七、三七六	三三六、八八九	二九九、四〇七
	擔	一三、一四四	一五、九一〇	九、八一六	一四、六五二	一三、一〇九
牛皮膠	兩	四八、三六八	四六、二六八	一三四、八九七	五三、三六八	三七、七一六
	擔	二、四八〇	二、五三五	七、六四〇	三、九三〇	二、七九二
金器、銀器	兩	二三六、一八八	一四五、六一三	四七八、九二〇	四〇九、〇六三	七三〇、九四九
	斤	一〇、〇三五	六、四九四	三三、〇九八	一六、三三四	二六、三三〇
夏布	兩	一、五六六、三〇五	一、四三三、七二七	一、九一五、八一三	三、一三八、〇八二	三、五九三、六三四
	擔	一五、五五〇	一五、八〇三	一四、二九二	二六、二七七	二五、九〇〇
花生餅	兩	一二五、一六六	八一、九六〇	一六〇、〇七九	四七九、四九〇	四五八、一三三
	擔	三九、五〇四	三六、四三三	八三、七一一	三一一、三三一	三〇一、三一九
花生	兩	四、六〇九、九七三	二、〇八七、三八九	一六〇、五七一	五二七、二六四	四三八、六三七
	擔	一、〇五四、三八七	五九一、七五五	四三、四四〇	一三七、三八九	一〇九、二九七
花生仁	兩	四二三、三三五	二、九七七、〇五五	二、一九二、五九三	五、三三三、〇七三	五、六一〇、五四八
	擔	八七、〇五九	五八二、三四〇	四八七、三三九	一、一六四、八八〇	一、一五八、八四八
石羔	兩	四六、八七八	五〇、〇二四	八八、三六五	五三、四〇五	五九、一六五
	擔	八三、四九九	九三、〇五〇	二一四、四三〇	六九、〇七八	八七、四〇一
馬鬃	兩	四四〇、九八九	五一三、八四八	三九三、三一一	四二五、五九八	五三七、二九四
	擔	一三、一〇七	一五、二九九	一〇、七四六	一二、六三五	一三、〇四五
他種獸毛	兩	九四、八九六	七五、五一五	七一、〇五三	一〇三、三六〇	四二、七五八
	擔	七、五四一	五、二八〇	六、八〇〇	六、〇七二	二、六八八

	兩	一、〇五八、三五七	三八一、九一五	三三七、七一〇	六三八、一九一	五八〇、八七七
頭髮	擔	二七、五〇九	一四、四五一	一四、三八二	二四、五三七	二〇、七七二
	兩	一八八、〇〇八	二〇三、三三三	六〇〇、七二四	七三一、九二三	四〇一、四五一
火腿	擔	八、九五八	一〇、三三五	三〇、四六三	二三、七九六	一三、六五二
	兩	八四、一〇七	三三、五九七	三五、一八六	六九、五〇九	一〇五、六九四
草帽	頂	六、三〇五、一八〇	三、二一六、一六一	八七八、七六三	四、五八〇、一七〇	五、〇九五、六三五
	兩	四五、六四九	六一、四四四	三、二一〇	六、五六三	七、二一三
木片帽	頂	一、一八〇、五四七	一、六九八、二八七	八〇、〇三九	一六一、二三二	一八七、九四一
	兩	二一、三六二	二三、四六九	二三、七一五	四三、五五五	二五、一一四
蜂蜜	擔	一、二五七	一、二九六	一、六八九	二、三六三	二、一五七
	兩	六六、四七九	五八、三五一	五一、六三三	五八、五〇六	三〇、三三六
牛角	擔	八、六四六	七、七三九	八、二四六	九、三四九	四、九三一
	兩	一五六、五二三	四八、六二四	八八、二七八	九四、七八八	一一一、八六四
嫩鹿茸	架	三、一六二	六五六	一、〇九五	一、二九一	二、〇四四
	兩	一三三、一二六	八四、七二一	六九二、三九四	八六八、六七〇	五二九、九一八
水碇	擔	二二、一〇〇	一三、八三〇	八三、六四二	一〇四、〇〇四	七二、七一八
	兩	四六、五九四	三三、八七六	七八、五二五	七〇、六二三	八三、四三五
墨	擔	六三七	三八七	九五四	九五四	一、一一五
腸	兩	四五八、四三七	四三四、三一九	五一九、五四五	九一六、七一六	九九三、七三二
神香	兩	三六九、一三九	三四五、三六四	三八四、九八九	四五八、四四二	四四〇、六七六

	擔	五八、七三五	五四、七八七	五六、七三七	五九、二七八	五六、二三一
鏤空花邊	兩	一二三、四三八	一四〇、六八二	九五四、七一三	二、〇八〇、五九一	二、六七八、五三〇
猪油	兩	一、〇一一、七八〇	九五六、〇七六	一、八四四、〇四三	四、八三三、一二七	三、三一〇、六二三
	擔	七五、五八六	七四、五八五	一一九、八一〇	三一七、五三〇	一九五、八六〇
船、艇	兩	三一、三四〇	一四、〇七三	三一、四〇五	一六、〇七一	七、三七七
鉛粉	兩	七、〇一一	五、三一二	二、八六五	八、二七八	三、五二九
	擔	七四九	五八四	一一一	三〇七	一四六
黄丹	兩	四、九四二	三、九〇八	三三、八二五	五〇、五六二	三一、〇六三
	擔	五四七	四六二	一、一二六	二、三五七	一、五六一
熟皮	兩	五九三、二八〇	五九八、五〇九	一、一三六、六二四	八四六、九七四	一、一四四、〇五〇
	擔	一八、五一四	一八、三八〇	二六、九二五	三一、〇三〇	二八、一四三
熟皮器	兩	一七四、五一〇	一六六、一二六	二〇三、四四五	三二六、〇八六	二三七、七三七
	擔	三、四七二	三、一〇八	二、九九二	二、七一八	三、二六三
荔枝乾	兩	三七七、七五六	七三六、六五二	五四九、〇六八	六四、四〇四	九六二、八七四
	擔	一八、三七八	二八、七三〇	二六、四三五	一、七七三	三四、二三三
金針菜	兩	三七九、一六〇	三四〇、八〇五	二九五、二八二	二九八、五八三	三七七、一七五
	擔	三四、六八〇	三六、五四九	二四、六七一	二五、六〇六	三一、九五二
甘草	兩	三三六、四四四	二三七、〇七九	六九四、〇二六	二、二八五、一一四	一、六三五、三三七
	擔	二七、一六四	二四、八三三	五九、三二五	一五七、三八三	一〇五、九五八
桂圓	兩	六七、四二八	四一、九三七	一五四、一六二	七八、八四八	一八六、二三四

	擔	六、七六七	四、六六三	九、八二五	五、一一三	一二、九〇五
機器	兩	一五、五三五	九、二五四	一八〇、二五三	五九、五一四	六一、八〇九
蓆	兩	一、七八六、八七一	一、八三九、二六六	一、一四五、九〇八	一、八六八、九五五	二、三五三、一八三
	條	三一、八三九、〇八八	三五、九〇七、三七三	三〇、〇九六、七三二	二七、二三七、三三八	二九、三五三、六三六
地蓆	兩	二、〇五一、七九九	一、四八九、五八五	四三七、三八八	一、〇三九、八三八	一、六一四、五二一
	捲	二六六、二三一	一九四、一四七	五二、二一六	一二五、三三三	一八四、〇六六
鮮肉、冰凍肉（牛肉、羊肉、猪肉等）	兩	一、七四三、三五一	一、六九三、二二六	二、七〇六、八七〇	三、八四九、六六七	三、二七四、三九一
	擔	一八一、五七三	一七四、一一一	二九三、〇一五	三八一、九二五	三三一、四五〇
乾肉、鹹肉（鹹乾野味家禽在內）	兩	七三七、八三六	五〇〇、六〇一	一、三三七、四八七	三、八一一、三六七	八七八、〇一三
	擔	二四、六六八	一五、三〇六	八四、九五八	二六二、〇五〇	三四、八八〇
鮮或冰凍野味家禽肉	兩	二四七、五一八	四一〇、〇〇〇	一二七、〇一七	二九三、五二六	五三七、四七〇
	擔	二四、四八八	四二、九三四	八、〇三八	二九、七〇九	四六、一六〇
藥材	兩	三、四一七、九七四	二、八〇六、三三四	三、二五八、〇七一	三、四〇四、五六二	三、七三一、七五九
髮菜	兩	三〇、六九〇	三三、六三二	三一、三五二	四七、九八八	六〇、七九八
	擔	一、〇〇七	一、一八四	七四三	一、五四三	一、七六二
香菌	兩	一五四、三九六	九七、九三四	一八三、四七一	一六七、七七八	二一〇、二三七
	擔	三、〇一五	一、四四八	二、六九七	二、四八七	三、一四九
麝香	兩	五一一、五二七	三七三、五九七	四四六、六五五	六一二、六八四	五七七、〇七九
	擔	二一、五七六	一七、四九八	二四、〇〇七	二七、五四八	二四、四四七
五倍子	兩	一、〇七〇、四〇九	一、一六七、〇七三	一、〇三〇、一四六	七五三、八三八	九四一、〇七四

	擔	五五、六四五	五八、七三二	四五、三四九	三四、五五五	四七、二三四
荳油	兩	三、七三〇、〇三二	四、九六六、四七〇	二四、九八一、二四九	二二、〇六〇、八七八	一四、七九四、六三四
	擔	四九一、八一七	六〇七、四七七	二、二七七、一六七	二、三六一、六三三	一、七三三、一〇四
棉子油	兩	五五九、一三八	九三一、〇九三	一、二四五、六五六	一、九九七、一四五	八九〇、六九八
	擔	六六、四八四	一二七、一八五	一三三、二七二	一九二、九三五	九〇、三四七
花生油	兩	二、八三二、九九八	二、七九八、九九七	七、一七一、八九五	一三、九四九、四四一	九、三一五、七六八
	擔	二五六、五七三	二五七、一五一	五九〇、六二七	一、二三四、一七三	八二六、二七三
菜油	兩	三六一	二六、五七七	六八、六四〇	四一、五九八	二、〇六六
	擔	三六	二、九四二	五、五四七	三、五三一	一八四
蔴油	兩	一一八、〇九九	一三九、二三六	三二一、三六三	四三八、三三六	四七、九九三
	擔	八、五二六	一一、四八六	二〇、六二三	三七、七五五	三、七二八
茶油	兩	八二、三五〇	二一〇、三三三	二六四、四三三	六二七、七九九	二九三、八〇六
	擔	七、〇〇三	二〇、〇六三	二三、五二四	五六、九七六	二四、六三八
桐油	兩	四、〇〇一、五〇三	三、七四五、二二九	五、九七五、九二六	七、九六〇、九六八	六、七三九、一九一
	擔	四六三、六四七	四三九、五五五	四八八、八五二	六一三、四五五	五四〇、七一六
他種植物油	兩	八七、七三二	七七、〇九〇	一、〇九〇、四〇一	八〇〇、〇一六	三一六、六七二
	擔	二三、五七二	一九、一九一	一一一、九〇〇	八七、二九一	四二、八二三
香油（八角油桂皮油等）	兩	一、一九四、九〇三	七九一、二八四	一、四三二、七二五	一、一六九、八〇四	九九三、三一二
	擔	七、五三〇	五、二七二	一〇、八六〇	一〇、六九九	一五、一七五
鮮橄欖、鹹橄欖	兩	一三三、二六五	九三、〇八八	一三一、八四五	一二七、三九八	一四三、七八三

	擔	三〇、五四〇	二五、〇三三	二五、六五八	二三、二八〇	二五、三八一
橘子	兩	四四〇、五七七	四六三、四七四	三九六、〇五六	三八五、三九七	四三三、八一〇
	擔	一六五、〇九四	一七三、〇六五	一六五、二三五	一五〇、七三三	一八〇、五三六
上等紙	兩	一、五四九、三四七	一、〇六三、七三八	一、一八一、八四八	一、一七一、七八三	一、一九二、五四三
	擔	八四、四九八	六〇、三五六	五九、四四四	六二、一五六	六六、八八二
次等紙	兩	九二三、七九二	八〇八、三三六	五二五、九三六	七二八、四一二	七三一、七四二
	擔	一〇六、六〇三	九三、四七一	五九、五〇四	八六、四六三	九二、三一六
紙箔（錫箔）	兩	六八六、〇九七	九六五、九八六	一、〇二二、七八五	一、六七八、一八〇	一、七一八、九四四
	擔	五〇、九四九	七〇、一五二	五三、八八九	七一、八三七	七二、六一六
廠製紙	兩	五三三	一、〇七四	四四、二五九	四六、八三四	六四、五三三
	擔	五八	一三〇	四、九七八	五、四七二	七、三九二
他類紙	兩	三四、〇九三	二六、〇〇五	二七三、一一四	三〇九、五八九	二四九、四一〇
	擔	七、三六六	五、八七六	四八、〇四七	五六、二九九	四二、四六四
梨	兩	七九、〇五四	一一七、五九五	四五、四四三	六三、九五三	九四、六三九
	擔	二六、一〇一	三九、九〇四	二〇、〇五〇	二四、九九三	三七、六七六
陳皮、柚皮	兩	五九、三三七	五三、五一九	六二、四三四	五九、三一九	五七、四二四
	擔	四、五一七	四、二六七	三、四二〇	三、四六一	三、五一二
筆	兩	一〇四、五四一	九〇、六九五	二四四、七四七	二五六、四七〇	二三九、四四三
	枝	五、四一四、五三四	四、七四五、七六三	五、三七五、〇五三	五、五九〇、四四五	五、二七四、二七三
柿餅	兩	一六八、一四七	一一九、八一四	一六六、五七五	一三九、〇〇五	二三八、三四〇

黃白銅水煙袋	擔	三三、八〇九	二四、二〇八	三三、一九一	二五、八五三	四五、〇〇五
	兩	一七、七七九	一七、四一七	一〇、〇四八	一〇、二〇九	八、八一四
花卉小樹	枝	二三、九五八	二三、三三六	一三、六二七	一一、五六九	九、九五六
	兩	一四、六五七	一三、四六三	三四、七〇五	四四、一三六	四三、四三七
鹼	兩	五七、七二八	三七、八〇三	一一三、二七九	六六、〇九七	六四、五一九
	擔	一一、九六六	七、二〇五	一八、四〇一	一〇、七三三	八、九五七
珍珠	兩	七、七二五	一、四〇六	三四	—	—
山薯	兩	一四六、五七九	一三四、九六一	七三、八六七	一三七、二九五	一二六、七八五
	擔	一五五、八三六	一三三、四〇八	五七、七六九	九二、三〇三	八六、五八二
瓦器、陶器	兩	九八六、〇三三	八六二、四四五	六七八、七九〇	七五二、七五七	七〇〇、五〇七
	擔	三五八、三九五	三三六、〇〇一	一八七、六四六	二二一、七七二	一九五、三三九
籐條、籐片、籐皮	兩	一三八、〇一九	一一三、五七三	一三六、〇六二	二一一、一七四	三五八、六四三
	擔	一九、八四八	一七、〇四五	一四、五〇四	二三、一四三	三八、九三八
雄黃	兩	一七、一四二	一、〇八八	一五、〇五四	五三、四三六	九六、六八一
	擔	八、四〇五	五四一	一、六四五	三、七二〇	七、八一一
松香	兩	二九、一〇一	四〇、三三三	一七二、七七四	二九、三四九	一七一、五三六
	擔	八、二九七	一一、七八〇	五一、二八三	六三、八八三	四九、八三五
大黃	兩	二八、八一八	一八五、六一四	八〇、二六五	一七五、〇〇四	一三八、九五八
	擔	一六、八四一	一一、〇四五	六、〇九六	九、九九八	一〇、二〇四
鹽	兩	九九四、一八一	九八六、二二〇	一、八一三、一四五	三、一六〇、八七七	一、七二九、三九九

	擔	一、五六二、四一七	二、一六〇、五四〇	五、二七〇、六五四	七、一四〇、〇〇九	五、六四八、八一八
酒	兩	五八五、五八三	五〇〇、一五六	五一〇、五六八	六六二、六四四	七三四、一一三
	擔	一〇九、五六五	九一、八二三	八二、八六八	九六、二九五	一〇三、四五一
藥酒	兩	六六三、七三一	六一六、九二八	五一七、三六二	五三二、八九〇	七三〇、五六四
	擔	六六、二八二	六一、四二八	四五、七六五	四八、二六九	六五、八〇〇
杏仁	兩	九七一、八六一	四三三、五七八	二六七、六二六	三〇六、七八二	三三四、四七一
	擔	四六、〇二〇	三三、四〇四	一六、七四九	二四、五三七	一六、七四五
棉子	兩	三三二、三五〇	二九四、五七六	三二九、七二七	八九九、二七五	八三九、二九六
	擔	一八二、四九四	二四五、八三九	一六五、三〇三	六三三、二七〇	五二八、七九五
蓮子	兩	一〇六、二五六	八〇、九六五	一二六、四九二	一一〇、二八六	一三七、三三八
	擔	五、一一七	五、二五九	六、九七四	五、八三一	六、八九六
胡麻子	兩	四八五、四四一	五二四、〇〇六	二九六、七五一	八一二、五三二	三八八、一〇〇
	擔	一六六、三九三	一八六、五八三	八八、〇八四	二三三、一九五	一〇一、五三〇
瓜子	兩	四八六、七六八	三六一、三三九	三一四、六二四	四四九、五五六	七六五、四一六
	擔	五三、二四九	三四、六七五	三三、〇七六	五三、一一七	一一三、一一三
菜子	兩	一、九四一、九三四	二、七三三、三〇七	二、二七九、七一八	二、六九一、九五三	一、〇〇四、六〇八
	擔	六一六、六九一	八七五、六二六	六七〇、一二六	七二六、一一七	三三六、八九二
芝蔴	兩	一三、三七二、一九四	六、三五五、三一七	一、一七三、三八四	一五、五七七、二六六	一〇、八三〇、〇七〇
	擔	二、〇三四、六四七	一、二五一、一八〇	一三四、一〇三	二、八三八、五〇四	二、〇五六、二四〇
他種子仁	兩	一、二八六、九〇八	九二二、〇九三	九五九、八五八	一、九一四、四六五	二、二〇一、一三三

菜子餅	擔	五八四、三一一	三七三、八三三	二六五、九九四	五四一、二八六	六八八、〇五七
	兩	四一九、二四八	三九四、七七六	五〇七、八二〇	七三七、六五〇	四七四、五九二
芝蔴餅	擔	三七〇、七七三	三六七、一九九	三九八、〇四七	五三六、六一三	三一四、八九七
	兩	五、六〇五	五、九六三	五五四	三四五	一八、〇二八
他種子餅	擔	五、二七二	五、二四四	四四五	三〇八	一二、七一五
	兩	九八七、一六八	一、〇一七、八四六	一、三二四、六六七	二、〇九一、二七〇	一、三五六、六一一
白絲	擔	九三七、〇〇〇	九六七、九九四	七七二、三七四	一、二六四、二三〇	八四〇、七六五
	兩	四、八七九、三六五	二、八一一、三六七	二、〇六六、三六六	二、二四二、五四一	一、九五三、八一五
白經絲	擔	一一、六一七	六、四九一	四、一五九	四、四六八	三、四八二
	兩	一〇、五四七、〇八二	五、五五二、一二七	九、〇五九、〇四六	一〇、四〇八、九九二	五、六八六、九七三
白繅絲	擔	二〇、五五三	九、五八三	一四、四五四	一六、七二九	八、三四二
	兩	四五、六〇二、三九七	三七、三八四、四八五	四七、七六九、八八八	六九、三六四、〇八〇	四六、三七五、七一七
黃絲	擔	六八、三四二	五四、〇一六	六〇、九九四	八三、四七〇	五三、七五六
	兩	四、八六六、二六六	四、四三九、〇七三	四、〇八〇、一〇一	五、八四二、四四五	四、七九一、八五四
黃經絲	擔	一七、六三三	一四、六五九	一二、三六一	一八、六六九	一三、四一〇
	兩	—	七、三七四	六七九、二四七	六九三、三一〇	七〇三、三五八
黃繅絲	擔	—	一八	一、二〇五	一、六〇二	一、二五三
	兩	四四六、一三三	一、二六七、四一三	二、一〇八、〇六四	三、四八〇、八一一	一、五六八、八九二
野蠶絲	擔	一、一九九	二、七五〇	三、一九三	六、五六八	二、二八七
	兩	六、九八三、五八三	四、〇七二、七七七	一、二四五、二一三	一、三七六、一九八	一、一三三、九六六

	擔	二九、〇五三	二〇、九六九	五、二六一	五、六九一	四、九一一
野蠶繅絲	兩	一八四、八五九	二六、三三七	七、六七四、〇〇二	九、一四〇、五一一	五、九三九、八〇九
	擔	六〇九	一〇三	一三、三三七	二七、九九〇	一六、八七四
蠶繭	兩	二、三三八、〇九八	二、〇七八、七三二	二、六三〇、四三四	二、六六〇、八六一	一、一九四、六七〇
	擔	二五、四六九	二三、六七九	三二、七四〇	三四、七二六	一五、九二五
亂絲頭	兩	六、六七二、七二八	五、〇三五、六七九	九、三三八、七一三	七、九八二、四四五	七、〇二四、三七二
	擔	一一六、八六〇	八一、三〇四	一三八、七一八	一一五、二九五	八五、〇一一
爛繭殼	兩	六四五、七八一	二五三、九〇三	一、一〇三、四九九	七六五、七一四	六二四、九三四
	擔	二六、〇四九	一三、六二一	一三、一四五	三〇、四〇〇	二四、五四八
絲繡貨	兩	七七七、三一三	三七七、七八五	一五四、八五〇	一九四、六五三	三五八、八四五
	擔	五七六	二七六	一三五	一五四	二八三
綢緞	兩	一三、四六二、〇二三	一〇、八七二、四二一	一三、七六一、八〇九	一五、七四四、五八三	一五、八〇一、八一三
	擔	一七、一七九	一三、六一三	一四、七八七	一七、七一九	一六、八五一
繭綢	兩	六、六三八、〇六九	五、一一九、三三三	六、一四九、四三八	七、五一五、六四五	八、五一五、六六四
	擔	一六、七四九	一四、二六九	一九、七七二	二一、七四五	二〇、六〇二
絲帶（絲欄杆）	兩	四、六一八	三、〇九九	三、五三四	三、〇四九	六、四四〇
	擔	五	五	五	四	八
絲線	兩	三〇七、六一〇	三五九、三七〇	一五三、六三三	二四〇、九七三	二八六、九一九
	擔	五一〇	六一八	二六六	三七五	四七七
他種絲類雜貨	兩	五〇六、二三六	三三九、九三七	三三二、六七四	四一五、一四二	四九〇、三三三

生皮						
生牛皮	兩	一五、一八四、三四四	一四、二五五、三八八	一三、四七〇、六七六	一〇、三六一、三八一	八、二二五、三七九
	擔	四九八、〇三八	四三六、九四六	三九五、六三八	三八三、三三三	二六一、三四三
生馬騾驢皮	兩	二四五、八二一	三三五、二三〇	六六五、五二七	五一〇、三三五	三九七、七六七
	擔	一一、三八四	一一、五六六	二九、四〇七	二一、七一六	一七、四〇七
未硝山羊皮	兩	四、〇六七、七〇八	三、二五四、〇九七	五、七六九、九八八	八、五八八、七四〇	八、一二二、三三六
	張	七、一五三、六九三	五、六九二、一五九	八、九四〇、六七一	三、七三二、二九〇	九、九六六、六三三
生綿羊皮	兩	二三四、八二九	一四一、七一五	四四九、六六五	三七〇、四一六	一六七、七四七
	張	五五二、四二五	四二三、三九八	七一六、二六二	五八五、九二二	二二九、一一八
他類生皮	兩	五六、五五三	一一、五九三	二一、五八二	一四、九一八	一九、一一四
	張	五五、四五一	二五、八七九			
揀皮						
已硝山羊皮	兩	四三一、三三〇	二〇〇、一八二	八五五、四〇六	九五七、三一三	七一九、六九五
	張	六三九、九九二	二六〇、八七一	一、〇七六、九一六	一、〇九九、五七九	八六九、七九七
已揀猾皮	兩	二五、五一七	八、六八三	三〇、八四二	七〇、六八五	二〇、五〇〇
	張	一一三、三四七	三五、九七七	一三一、二〇六	三三〇、八三八	一一七、〇〇二
已揀羔皮	兩	六七〇、三三六	三五六、五九二	二二三、一八九	五一九、三五八	一一一、五二一
	張	五八七、一五一	三二四、一九三	二一八、三四一	四七二、一五五	一一四、五二一
他類揀皮	兩	三三四	四、五八一	一〇、七三七	一六、六四八	一四、四七八
	張	二二六	八、七四三	三三、五四八	三八、七二六	三九、三六一

揀皮件						
狗皮衣、皮毯、皮褥	兩	四三〇、七一五	三一六、八四四	五三〇、二七八	七六〇、六七七	一八三、九四九
	件	五九一、一一八	三九三、九七二	五九三、四二六	八六〇、二九八	三三、七七一
山羊皮衣	兩	一、二二七	—	四一	一、〇九一	二九〇
	件	七二一	—	一七	一、二五一	一三一
山羊皮毯、皮褥	兩	三五八、五五四	六五一、三八五	一五九、〇一〇	三二六、一一〇	二四六、三六〇
	件	三二八、五七七	五三一、七三四	一三三、一四五	二六五、八三一	二〇五、九四三
猾皮衣	兩	一三八、三三〇	一三三、九三九	二〇六、〇五〇	一七四、五六六	一七九、二三四
	件	九三、四八三	一〇三、五六四	一六七、九八三	一四四、二七九	一一五、七三八
羔皮衣	兩	三一一、七〇九	八六、〇五六	三八〇、七〇三	二〇七、三〇九	八八、五七〇
	件	六八、三九三	五〇、八七三	一〇三、二三一	五七、一八〇	六、九七三
緜羊皮衣、皮毯、皮褥	兩	四六、六九六	一一九、七九五	三六、〇七〇	九一、五四三	一四九、八四〇
	件	四一、六一八	八八、八〇〇	一五、七〇二	三一、七一六	五七、七一七
他類揀皮件	兩	六五、二四一	三八、四六六	二八、〇八五	五九、九五三	三〇、六三三
	件	三六、九五三	四〇、〇〇八	一八、七〇八	四三、四二六	二〇、四三一
細毛皮（裘）						
狐狸皮	兩	五一七、一三七	二八三、四二三	一四三、六一八	五〇五、〇四〇	三九五、七四六
	張	一〇七、〇六九	五五、四五〇	二五、三四九	六四、七六九	五四、八五九
旱獺皮	兩	六八、一一三	四六、一八二	一四四、七六二	五七二、五七六	九三九、三三六
	張	二七九、二六四	一六七、〇九七	六五九、四一六	二、二五六、一五八	二、六八一、三九六

貉獾皮(浣熊皮)	兩	二四、〇九五	八六、六九二	六六、三〇〇	一〇七、八四三	一二〇、五八九
	張	三六、七八七	一三七、三〇九	八三、二一七	一〇四、七一五	一五〇、九八七
貂皮	兩	一五、〇九九	四、四八二	三〇、二三九	一四八、七五三	一九、三五〇
	張	七三七	一、八二七	六八一	三、六七一	九三八
黃狼皮	兩	三二一、三四九	一二八、六四一	一〇一、四五〇	二二〇、六八四	三〇九、五四八
	張	一、〇三二、五八二	六〇一、五七二	四九〇、四四六	八九二、三一四	八四一、七〇四
各種細毛尾	兩	一〇、八四七	三一、一五七	四六、九一八	七九、三六五	五〇、五〇二
他類細毛皮	兩	六五二、五四一	三五六、六三一	八一五、五七八	一、四七三、五三〇	一、三三〇、五〇五
	張	二、一三二、九三四	八六七、八五九	二、二八九、八八〇	四、〇一五、四二七	二、八五二、九八二
肥皂	兩	五、九八一	八、二三四	四七、五三一	一五三、八三〇	一七六、四五二
滑石器	兩	一三五、六三七	九三、一一六	六、九九七	四、〇三八	一〇、四五一
	擔	七、九六六	五、八九四	四四六	二五〇	六八四
鹼	兩	八、六一六	四、二五一	五二、五一九	三、七四七	一五、五八六
	擔	九、四〇〇	二、六〇五	八、八四九	五、四五三	三、四八七
醬油	兩	二一、五二八	二〇、七四一	三八、四五〇	四七、三三三	五三、九五三
	擔	八、八六二	八、〇五〇	六、一五四	六、五〇八	七、八〇二
石料(雲石、花石等)	兩	七〇、三一一	一一七、〇九〇	三三〇、三六一	五三二、二九七	二四五、八六五
草帽緶	兩	五、〇七四、〇四三	三、〇七九、八〇九	四、一六七、六五九	七、七一七、五八七	四、四八七、四九〇
	擔	一〇一、〇三七	四九、二八五	五三、三三八	一〇三、六〇四	五五、〇六五
赤糖	兩	四四四、七五六	五六五、五〇七	七四三、四六〇	九八〇、四六六	一、九九四、四二〇

白糖	擔	一〇八、五一二	一三八、九三八	一六八、八一一	二〇五、一八七	二七二、三二七
	兩	二、九五〇	二、七一九	二四五、六二二	二九二、七〇四	一、〇八三、三六三
冰糖	擔	五五一	三、六九七	三三、五八五	三九、六九八	七六、八四三
	兩	八八三	一、六五二	四、一五九	一四、六三九	九、〇〇四
甘蔗	擔	九六	一六六	三九四	一、三六〇	四九〇
	兩	一八一、七六三	一四一、〇三八	三〇七、一六六	三六二、四九五	四二五、三六三
牛油	擔	一六八、三八六	一三四、六二三	二四〇、一六二	二八四、五四二	三四五、二三四
	兩	一、二七五、六八七	一、三九三、三六七	一、九五六、七九五	一、六〇二、七八五	一、三六一、七〇六
柏油	擔	一三二、七八一	一三九、〇三三	一四〇、七二〇	一二五、三七二	一〇六、一五一
	兩	二、二六六、九六一	二、〇七五、〇二〇	二、一二三、八六九	一、九七九、三三三	七八九、三一七
紅茶	擔	三三〇、九九八	一九〇、〇九四	一六二、八八一	一六四、五四四	六九、一一八
	兩	一四、三三四、〇九三	一六、二〇三、五八一	五、七三一、二八六	八、七九六、九二八	三、一八七、七九三
綠茶	擔	五四二、一〇五	六一三、二九六	一七四、九六二	二八八、七九八	一二七、八三二
	兩	一〇、八八九、六六六	一〇、七八五、五八四	七、〇四三、九八三	一一、〇五五、六一〇	五、三五九、五五八
紅甎茶	擔	二七七、三四三	二六六、七三八	一五〇、七一〇	二四九、七一一	一六三、九八四
	兩	六、七七三、〇一〇	六、七一一、〇一九	一、一五三、三七三	二、三四五、一五八	三〇〇、六〇七
綠甎茶	擔	四三〇、八一九	三四六、七八一	六五、七四三	一三四、五七三	一一、六九二
	兩	一、六七四、〇九二	二、三三三、二五九	一〇九、〇七二	一〇八、七六六	三八
小京甎茶	擔	一七五、二〇一	二三七、一〇二	九、四一八	八、八三三	三
	兩	二〇三、〇六五	二三五、一〇〇	一、二三三	三三、九四一	一

	擔	九、八四三	一三、一四五	六三	一、四四〇	—
茶末	兩	九、〇六七	一〇四、三四三	二五、六八二	五三、七六七	一七、五一七
	擔	一、一九五	一三、四一三	三、一一二	六、五三四	一、八七九
烘茶葉	兩	六三、七七六	九四、二一〇	二、二四四	四、一六六	七、六三三
	擔	五、六〇三	七、三三五	二〇一	二七八	五一六
苧蔴線、紗	兩	三四〇、一二九	三〇六、六二六	一六三、四二七	二五三、九五三	三三八、〇三五
	擔	一一、五四八	一〇、四二四	五、七四七	九、一三三	一〇、八一〇
重木材	兩	一六一、三二〇	一三六、四一五	一五三、九四四	一八〇、二二六	一八九、七七一
	立方尺	四九三、一八三	七六一、四〇三	三二五、〇八六	二八二、七九〇	三三六、二一九
輕木材	兩	八三九、六四五	六〇三、三一六	一、三七三、八九七	一、三五一、二九二	一、五六八、四五六
	平方尺	二三、六九八、六五五	三二、〇三五、五二九	三一、九〇九、三四二	二六、九四二、九四八	三〇、一二〇、二七六
木桿	兩	一、四〇五、六七〇	一、〇八〇、五四二	一、七六三、六九一	一、七九一、九九一	三、一〇七、三七一
	根	一、一三三、〇四〇	九四二、四五二	九三三、九一九	一、一七七、九六四	一、四一四、八六三
錫箔	兩	一九〇、五五七	一八七、八四五	一四七、二四六	二二三、五六〇	一五三、三五五
	擔	二、五一五	二、四八五	一、三三三	二、〇〇二	一、四五七
菸葉、菸梗	兩	七九九、四〇九	八二八、三三三	二、一九六、四四六	四、七六四、二六八	四、四八七、五六四
	擔	八八、六六〇	九七、六四七	一八九、〇〇一	三六七、八三一	二七七、三六八
菸絲	兩	一、七五九、五二三	一、五八九、八一三	一、八七四、四三六	二、三六二、八七〇	二、〇九一、六八〇
	擔	六四、七三八	六三、七〇〇	六四、六五四	七五、二〇五	六三、三五五
玩物	兩	三六、九五六	三三、八七一	一七、六二三	二九、五五九	四二、〇三五

薑黃	兩	一四、〇五三	八一八	九、二三四	三、九五三	七、九九九
	擔	四、〇二四	二五一	一、三三五	六四六	一、一九七
大頭菜、鹹蘿蔔乾	兩	二五二、一九八	三三五、八八六	二〇八、〇〇五	二四二、六二八	三六九、九四八
	擔	一一七、八〇七	一〇一、五七八	七六、五四六	八二、三三四	一三三、〇四一
紙傘	兩	五〇六、九七八	三六九、三六二	四七五、七五七	四三一、九〇九	五四五、五七三
	柄	三、六九〇、七二七	二、八二六、四〇〇	二、二三〇、七六一	二、〇二〇、六七三	二、四九八、一〇〇
漆	兩	八四一、三〇七	七九四、一三三	一、〇〇四、七三九	一、一七〇、八五九	六八三、三九〇
	擔	一三、四三二	一三、四二九	一七、一二二	二一、一九九	一三、六九七
未列名鮮菜蔬、乾菜蔬、鹹菜蔬	兩	一、四九八、五〇八	一、二二六、六三〇	九六八、三三三	一、一三八、九九〇	一、二三三、一八七
	擔	七八二、七九七	七二九、五七七	五二七、〇七五	五五五、九〇〇	六二〇、八六五
紛絲、通心粉	兩	二、七七三、九七六	一、九四七、五九三	一、五三三、五六四	一、四〇七、二一〇	二、〇六六、二二九
	擔	二八四、〇七二	二三六、七五三	一八二、三七八	一八四、七三八	二二三、六六八
銀硃	兩	一四、一七四	一〇、五六六	一二、〇八一	一九、〇一八	一八、八一九
	擔	一三四	一三三	四七	七六	一〇一
醋	兩	一〇三、一七四	一〇三、六一一	五一、〇〇〇	五六、三〇六	五一、六五八
	擔	六九、六〇四	七三、〇六〇	四一、〇五三	四五、一六八	四一、三九五
核桃	兩	二〇九、一九七	二四九、九八三	四九、九七七	五四九、六五一	一三三、〇〇八
	擔	五〇、八七六	四六、五五三	九、五三九	九八、二二四	一九、六一五
核桃仁	兩	三、八一九	五一、八一六	一八九、〇八六	五〇三、八五五	三三二、〇九〇
	擔	五三一	四、〇八一	一五、二九九	四一、二六七	二四、八六三

白蠟	兩	一五四、九〇八	一三一、七六九	二九〇、六三二	一五四、六五九	一三七、七三三
	擔	四、五六一	三、七五三	五、〇四六	三、七六六	三、二〇一
黃蠟	兩	六四、三三七	六七、六四六	二九、七〇六	四一、六六八	四二、六九一
	擔	一、八五五	一、九〇三	六九五	一、一〇四	九九二
木器(除傢具)	兩	三三一、七〇九	二五一、七六七	五五八、二四八	七三六、五九一	八九三、八三五
駱駝毛	兩	七九六、五七七	六九八、八七〇	一、五四二、八四九	一、六六八、八〇三	一、七二九、一〇三
	擔	三三、〇〇七	二五、一九〇	三八、三一八	三九、七七九	三九、〇四一
山羊毛	兩	三七二、三三五	三三一、九一五	四一九、一一〇	六五八、七三六	三三三、九五三
	擔	一一、六八五	九、八四一	一三、六〇六	一九、六八六	八、三五一
緜羊毛	兩	五、四八七、五四三	六、七一四、九九九	一〇、二七六、七七二	一一、六〇九、九七九	三、〇九一、〇八一
	擔	二八〇、二六二	三〇三、〇一一	三一八、〇三六	三六五、八二六	一〇三、七一三
麴、酵	兩	九二、四七〇	九二、六八六	一四八、二一三	一一八、八四六	九五、九八八
	擔	一九、四六四	一九、三八五	三一、〇一六	二三、八〇四	一九、四九五
漆油	兩	三三一、八八六	四一八、九三〇	—	—	—
	擔	三三、〇〇八	四一、六三三	—	—	—
未列名雜貨	兩	三、四四七、二三一	三、四九一、五七八	五、九三九、二三六	七、八四四、八九三	二、六九〇、七三七
郵局包裹	兩	二九三、三八四	一六六、一七三	一、〇一五、〇三九	二、二六六、三〇〇	一、三三一、二五三
共計	兩	四〇三、三〇五、五四六	三五六、三三六、六二九	四八五、八八三、〇三一	六三〇、八〇九、四一一	五四一、六三一、三〇〇

我國進口貿易。同治九年、爲六千九百二十九萬兩。光緒六年、爲七千九百二十九萬兩。十六年、爲一億二千七百九萬兩。二十六年、爲二億一千百七萬兩。宣統二年、爲四億六千二百九十六萬兩。民國九年、爲七億六千二百二十五萬兩。計自同治九年起。二十年而增至二倍。三十年而增至三倍。四十年而增至六・六倍。五十年而增至十倍。進口大宗貨物。爲棉貨、砂糖、銅鐵及其他金屬、煤油、米、染料、海味、紙煙、麵粉、煤炭、熟皮及熟皮製品、機器、火柴、軍械軍火、衣物、菸、木料、毛呢類、茶、藥材、車輛、酒、各種包袋等。每年進口少則三百餘萬兩。多則一億八千二百萬兩。此外年在一百萬兩以上者。有棉花、肥皂、電氣器具及材料、玻璃片及玻璃器、無大小製品。(舊稱編結製品如衛生衣衫襪等類)植物油、火柴材料、洋燈及燈器、人參、洋傘、文具、陶磁器、琺藍鐵器、(鍍磁器)鹹、女紅用品、絲貨、鐵路材料、油蠟等。

茲將同治九年以來。進口大宗貨物之趨勢。表示於左。

▲主要貨物進口趨勢一覽表

	棉貨	毛呢類	鴉片	五金	紙烟	煤	染料	煤油	麵粉	米
民國九年	二四七	五	—	六三	三三	一四	七	五四	二	五
宣統二年	一三一	四	五五	一九	七	八	三	一三	三	三一
光緒廿六年	七六	三	三一	九	—	六	二	一四	三	二
光緒十六年	四五	四	二九	七	—	二	一	四	—	二
光緒六年	二三	六	三三	四	—	—	—	—	—	—
同治九年	三	七	二六	四	—	—	—	—	—	—

砂糖	二六	三	六	—	—	—
木材	三	四	一	一	—	—
其他雜貨	三0四	一五四	四九	三	一四	一0
共計	七六二	四六三	二二	二七	七九	六九

備考　表中空欄。非全無進口。乃其數不及百萬兩。故未列入。

進口貨價。向以日本英國香港美國德國印度俄國爲最多。歐戰期間。德奧比荷諸國貿易完全阻絕。惟日本美國菲律賓及坎拿大最爲發達。試表示於左。

▲進口貿易地區表

地名　年份	民國二年	民國三年	民國六年	民國七年	民國八年	民國九年
香港	一七一、六三六、0九九兩	一六七、九九三、八五二兩	一五八、六0二、四八八兩	一六二、一九一、八一六兩	一五三、六三一、五四四兩	一五九、三二三、三三五兩
澳門	六、五九六、一四八	五、九四0、三三一	四、六五四、0九二	四、二八四、九九三	五、0五三、四三六	九、八三八、七九二
安南	四、七八二、0一一	五、六一七、七三三	二、四六一、九七六	二、七五九、二八一	二、八七七、九二七	三、七五0、一0四
暹羅	五二、二四七	九八、八七三	五五三、八五三	三九五、三六0	四三三、0六0	一七九、一六四
新嘉坡等處	八、九三五、四一六	七、六六三、七三0	六、八七七、七九二	一0、三三一、五四四	一0、一一五、六五六	七、八0三、0八三
爪哇等處	六、八三六、七九二	六、五九四、三二一	四、五一五、六四一	八、五六四、八九七	六、八六四、三一六	一0、五六五、二0三
印度	四八、二九二、一九0	三九、一四九、二五四	二六、九八九、一八四	七、九八八、八九六	二六、九八0、七0五	三二、四九四、0五九
土、波、埃等處	一四0、一八六	一七七、三七九	一三0、七一七	三八0、0六二	七四0、六三八	一、四七六、六五0
英國	九六、九一0、九四四	一0五、二0七、五八0	五一、九八九、一三五	四九、八九0、二九三	六四、二九二、二三九	一七三、七一九、九五二
瑙威	三七四、五九0	四一九、九七五	二四七、五三九	八	三一四、0六八	一、六四五、九三七

瑞典	一、五四〇、九八九	一、一八七、〇五六	三四〇、一一三	九、八六八	五七二、九二九	二、七七八、二九四
丹國	一〇〇、八五一	三八一、五四九	六七、四二四	一九二	一八三、五八四	二八三、九六三
德國	二八、三〇二、四〇三	一六、六九六、九四五	—	—	三六八	五、四一七、七四四
荷國	一、四二三、八六四	一、三七七、二七〇	三三、六二五	一、一一〇	一一一、〇三〇	三、七五七、三八三
比國	一五、八三〇、八三八	一七、九四〇、二四三	七、五九七	—	三八、七六一	四、九六九、九九四
法國	五、二九九、五一七	四、九五一、四七一	二、三〇九、一六〇	一、五六八、八五八	三、三七五、八〇九	四、八七六、五一九
西班牙	三、三八六	二、三二八	二、一三〇	二、六一〇	三、二〇五	一八、九四〇
葡萄牙	一、一七三	一、五二六	—	—	四七九	一、〇三〇
瑞士	五八、〇三四	七四、二七〇	六六二	一三、六六三	一五、八三八	三、四八一、九三〇
義國	六六三、六五一	七七七、八九六	四六七、九九九	三五六、六七四	九九一、五五六	三四一、九三四
奧國	四、一三一、九一三	二、二九三、四四三	一、〇三五	—	—	二八一、九三七
俄國 歐洲各口	二九三、五九六	一、〇六八、六五七	三五、六七九	一三、七三四	一三、一九九	二三八
俄國 由陸路	三、二五八、一八〇	一、二九八、五二九	二、九三三、五一五	一、四三四、一〇六	一、七二四、六〇三	三、五一一、八三五
俄國 黑龍江各口	五一五、〇三〇	六四〇、八六八	一四五、一九三	二六五、〇〇八	九五、二八一	三八〇、五七七
俄國 太平洋各口	九、〇八六、〇八二	九、二六七、三四四	八、〇九四、三四八	四、六七六、八三〇	三三、三二八、二五一	五、七三二、六八一
朝鮮	三、五一六、八八一	四、五〇〇、三七九	一一、八四三、〇〇六	一〇、四五七、三三二	九、四三一、四五〇	一〇、三一四、三七四
日本	一一九、三四六、六六二	一三七、一一九、九九二	三三一、六六六、八九一	二三八、八五八、五七八	二四六、九四〇、九九七	二三九、一三五、八六六
菲律賓	一、三九二、六一九	一、九四四、一七七	一、七〇六、六七九	三、一九三、五二四	二、五四九、九一一	一、四九八、〇二四
坎拿大	一、八六五、七三五	一、一六六、九四四	九、〇九四、三四七	一〇、三五五、三六二	一八、八八七、八六六	二〇、一八二、一〇〇
美國	三五、四二七、一九八	四一、二三一、六五四	六〇、九六〇、七七七	五八、六八六、〇四四	一一〇、二三六、七〇六	一四三、一九八、九六二

墨國及中美洲	七	三八四、三五八	三八、六八八	四六	八六七	二、〇八一
南美洲	一七三	一	二	一五	一〇、四九三	三
澳洲紐絲綸等處	七〇二、〇一七	一、〇三八、九九六	五八五、二〇五	九五六、五四五	六三三、七八二	一、〇〇五、二三六
南非洲	九	一三	一五、八三九	七、四六四	—	一九二
共計進口總數	五八六、二九〇、四三一	五八四、二〇九、〇〇三	五七七、二八一、三三九	五七七、六四三、八〇三	六七九、五二九、五四四	七九九、九六〇、二〇六
復出口數	一六、一二七、八七四	一四、九六七、六二一	二七、八六二、五六五	二三、七五〇、七二一	三三、五三一、八六三	三七、七〇九、九七六
進口淨數	五七〇、一六二、五五七	五六九、二四一、三八二	五四九、五一八、七七四	五五四、八九三、〇八二	六四六、九九七、六八一	七六二、二五〇、二三〇

至進口各貨數量價值則如左表。

▲進口貨物一覽表（進口淨數）

種類	數量價值	民國二年	民國三年	民國七年	民國八年	民國九年
鴉片	兩	四一、〇三三、〇一二	三七、三六四、七三六	五二〇、〇九〇	二四六、二三〇	二〇〇、一六二
	擔	一八、一三七・五九	七、四八四・〇九	三三三・一一	一五六・〇〇	一三六・一〇
棉貨類 本色市布 美國	兩	一六六、五五三	一〇、二五二	一、八四二	四〇〇、二三九	一七九、四〇六
	疋	四五、九一五	三、一七二	七〇〇	八八、一三六	三六、〇七五
英國	兩	一三、一九一、九九九	一一、九三三、二三四	三、五一七、七四六	六、五八五、八四七	九、九四四、三四三
	疋	四、一〇九、一一八	三、四〇五、七八五	六九〇、五六六	一、四四八、一六五	一、六四六、五六三
日本	兩	七四一、二七九	九七九、八六六	四、二九六、八三二	一〇、九五五、九五〇	九、五五五、四九一

		疋	一八四、二一八	二四八、一五六	九四九、六七六	二、〇九三、四四八	一、四八一、〇六九
	他國	兩	一、八〇六	六六、八七〇	—	—	二五、六九六
		疋	三七三	一八、一二八	—	—	五、七五三
本色粗布細布	美國	兩	六、一〇六、七九一	三、五〇三、八五一	四三八、三九〇	一、九七九、五三九	三、七九〇、六一四
		疋	一、六六八、七一六	八七〇、二〇〇	八九、九〇〇	四三六、七六九	四七九、〇七六
	英國	兩	三五八、〇三三	八八五、四五六	五四、九六六	二五八、〇〇五	六二五、五八〇
		疋	一三三、八八三	一九二、三五七	八、八〇三	四四、〇八六	九三、六〇一
	日本	兩	九、四七七、八五八	二、九一五、一九一	一〇、六六〇、五八三	二、一八九、五三二	一四、七四九、四二九
		疋	三、三九七、三六二	四、六六〇、八五五	二、三三七、一〇三	一、九五九、六八三	一、九五三、五二六
	他國	兩	三三、二〇一	一六七、六八五	—	—	二、七七八
		疋	九、〇八〇	四二、八二〇	—	—	三八〇
漂市布	英國	兩			九、二九二、七五九	一四、三九八、三一五	二〇、九四一、七八四
		疋	一八、九四六、六二三	一九、四九九、一七六	一、五四四、〇七五	二、五一一、二五五	二、九二二、三五二
	他國	兩	四、四九一、〇九〇	四、三三三、〇八四	三、七三〇、七一九	八、〇三九、七〇〇	四、六三一、一二七
		疋			六三五、六五五	一、二六〇、〇五三	六六六、四一八
漂白織花布		兩	三四一、六七七	八〇〇、八七五	六二五、八九九	一九七、七八六	六九三、三八四
		疋	七〇、〇〇五	一六五、二二〇	一一三、〇六三	二四、二三三	一二〇、八五三
漂竹布		兩	二三九、〇三三	四四七、七一七	一三一、八三四	六四、七七四	一四九、二〇七
		疋	四六、八一〇	八二、七一九	一八、五四〇	九、二七三	一六、八三一
	美國	兩	二、一一一、九六四	六二八、〇二五	—	四六六、一五八	三〇七、七〇〇

粗斜紋布	英國	疋	五二五、二九一	一四五、七一九	—	八四、一九〇	三七、七三二
		兩	三九二、四九〇	三三六、一〇五	一一六、五九五	二〇六、八六〇	二四五、二三九
	日本	疋	八五、七〇八	四五、六七一	一八、三二七	二八、四三七	二八、七二四
		兩	六、三一〇、三五八	七、八七六、七五六	四、三四五、三七六	五、七六四、五五九	三、三三〇、一九二
	他國	疋	一、六七七、一一一	二、一九〇、七一五	九二九、五三二	一、〇三二、三〇二	四三五、〇八八
		兩	一六、二五六	九、一二〇	—	—	二九、七三六
細斜紋布	美國	疋	三、三二七	一、九一〇	—	—	四、一二六
		兩	一八一、五六三	九〇、八五九	四六、三三三	七七、八九一	一九二、九五六
	英國	疋	四一、二〇一	二二、〇〇九	一〇、二五四	一三、三二一	一〇、七〇〇
		兩	五、一八〇、八三〇	五、七三六、三六八	六三四、〇〇四	一、一五九、五六三	三、八三七、〇四三
	日本	疋	一、五五四、六八八	一、六〇九、六一七	一一六、五一二	二四〇、五一五	六一五、一九二
		兩	三〇一、三六四	一、一二五、七九四	八、九三九、五七二	七、二三六、八八二	一〇、〇三七、〇七三
	他國	疋	八六、四五四	三〇七、一〇七	一、九六四、〇五二	一、四六二、八七四	一、七二一、六四四
		兩	一一六、四〇四	一五四、六四九	六八七	—	一五九、一四三
洋標布（寬三十二吋）	英國	疋	三八、五二五	五〇、四三四	一九二	—	一九、九〇八
		兩	三、三一〇、七三四	二、二〇八、七一九	三八六、一八六	三七八、二七一	六〇四、五〇二
	日本	疋	一、一六七、六四〇	七二六、四三八	一一三、四七五	一〇七、三八一	一五七、三九一
		兩	六一〇、七三〇	五二一、九二二	二、五七一、一八二	三、六〇一、七三七	三、三八九、八八二
	他國	疋	三七〇、一九二	三一七、五四七	九三四、七三六	一、〇一〇、三六一	七五八、一七八
		兩	七六、四〇五	六、六四八	六、三一七	四、二五〇	五五、六一五

	洋標布（寬三十六吋）英國		洋標布（寬三十六吋）他國		漂白洋標布寬卅二吋長四十碼		漂白染色印花細洋紗軟洋紗稀洋紗 長二十碼		長三十碼		長四十碼		漂白染色印花洋羅		花稀洋紗		他類花稀洋紗、印花布	
疋	兩	疋	兩	疋	兩	疋	兩	疋	兩	疋	兩	疋	兩	疋	兩	碼	兩	碼
三九、九九〇	三三九、六二三	一一六、五九六	五、八九一	一、六八六					三三七、七七五	三三一、八五六			二六三、一三三	一三四、五三三				
三、七七三	三三六、三〇九	七七、三三九	一一、八四二	五、〇六二					六〇六、二七〇	三九七、六八五			三一六、三九五	一四一、二六一				
二、〇七八	八二、四五一	二三、六四三	一九八、四七七	五六、三三三	四五二、五一五	一〇三、〇三四	二〇三、三三三	一七〇、六七三	六八、八四八	一四、〇三一	六二八、九三一	一一〇、二九〇	一六九、六三三	五二、一一三	一七、一七四	九五、九三六	六〇、〇八六	二九八、九〇三
三、一〇〇	六六、八五五	一七、六七七	三六三、七七七	八〇、一〇六	八四〇、二四〇	一八五、四九四	一八三、一八七	一三三、一一〇	一五七、八〇五	四七、四一五	七六〇、五七〇	一三三、二七一	二三八、七三三	七五、六七二	九、五四五	一一七、一六三	三九一、〇三〇	一、六四一、〇九五
一四、四〇〇	一二三、九六五	二四、七〇七	一五八、六〇〇	二九、五三五	一、九四六、五五〇	二八八、六六五	一六六、五〇七	九〇、九五〇	六八四、五九二	一四八、九七七	一、四七二、八四四	二六九、三九五	三三八、六六一	八〇、八八三	二、二六七	一三、一三三	五四九、五三五	一、八五〇、〇一七

印花布	兩	二、七九一、三五七	三、四五一、五三三	三、四一六、八二八	七、〇〇二、五〇六	七、一八二、六六九
	疋	一、一三一、九三〇	一、二七五、六七〇	八三九、四六九	一、七四一、三〇二	一、五九四、八五一
印花粗斜紋布、斜紋布、斜羽綢	兩	一六四、六三三	一六七、一三八	二一、一五九	一三、六八六	一三一、一三九
	疋	八二、五九〇	七五、四〇六	四、〇四三	二、三一一	二〇、七〇一
印花綢布	兩			三八、二三一	三四、八六九	一四五、二三六
	疋			九、六二三	九、九五三	二七、七六八
印花羽緞、蓆法布等	兩	五三六、〇九三	七三九、九五六	三四六、七五八	一五三、六五七	八三八、一七一
	疋	一四八、一〇三	二〇五、四〇六	五八、六一八	二五、五九六	一三一、一五三
洋紅布、染色洋標布	兩	二、五三五、三〇五	一、一四七、二四九	一、八〇三、三五四	四、六四一、九一九	二、五七四、五一三
	疋	九八五、九八八	四六八、五三五	五四二、一五六	一、一五三、六六九	六一三、六八六
玄素羽綢	兩			四、八六四、〇四七	四、三三三、四〇三	八、〇三九、二五一
	疋			六八二、七三七	六〇一、八九五	九八〇、三三四
玄素泰西緞	兩	九、四一七、二二一	一〇、五一〇、四九四	二、五一七、八〇〇	二、八四五、二三七	三、五六二、〇三五
	疋	一、七四五、九〇一	一、七八八、二〇四	二三八、四八四	二九一、九八七	三三〇、二八一
玄素羽綾	兩			四九〇、四七四	一、一四〇、七九八	一、二三八、七七一
	疋			七三、三九〇	一七四、七一三	一四九、五五〇
色素羽綢	兩			一、九一九、九七四	一、八〇三、四五八	三、三三七、七二四
	疋			三三三、二四四	二七九、一三八	四四三、一〇二
色素泰西緞	兩			一、四一七、二四六	二、一一三、三七三	一、九〇一、六二六
	疋	四、五六〇、二六九	五、二〇七、〇三四	二〇四、八四二	二七六、六五五	一七七、二六七

色素羅緞	兩	一、〇〇一、九六二	一、〇七〇、九四五	八四六、一七〇	一、六三五、五〇九	二、八四八、五二四
	疋			九三、三一七	二七四、四六五	四九八、六四七
色素羽綾	兩			三、八〇六、五一八	七、四四一、四一四	一〇、七一四、一六九
	疋			五九七、三六二	一、一三三、九二八	一、四七七、七二一
織花羽綢	兩			五七七、八〇五	五六三、六八七	一、八一四、二四一
	疋			九六、八七八	九九、六九四	二四四、八一一
織花泰西緞	兩			二四四、一七二	一三〇、九一四	五五五、六九五
	疋	四、四九八、〇五九	七、一八〇、一九八	二六、三四〇	九、九三六	四七、二三一
織花羅緞	兩	九二五、二四三	一、〇五八、七四四	四、七八三、〇四四	二、九七五、二六九	二、五四四、〇八四
	疋			四八〇、六六五	二六六、四九六	二二〇、〇七三
織花羽綾	兩			九五六、〇七三	五六四、八四九	六三二、一〇三
	疋			一四六、二六〇	八三、九九八	一〇四、五五四
染色素市布	兩	四七三、九〇五	八六二、八九四	四三八、八八五	六二〇、三五二	一、〇九二、四七四
	疋	一〇七、九八八	一八八、二二一	六九、八〇九	一〇六、一一〇	一四四、七三一
香港染色素市布	兩	三六三、七一二	三七五、二一二	二〇一、六九六	一八五、〇五六	一九六、六七三
	疋	一二〇、七二三	一二〇、五八六	七二、三二一	五四、三三三	五七、六〇〇
冲毛呢（即棉小呢）寬六十四吋	兩	一九三、三一九	二〇三、九四二	一六〇、五七九	三〇、一九三	八八、三三三
	疋	四七、一六一	四六、六九三	三三、七九六	四、九五七	八、七六八
素、染色、印花、絨布棉法絨	兩	一、九七〇、九三六	一、六五三、〇九四	一、八一六、〇三三	三、三四九、九一二	三、七六九、八四三
	疋	五三八、五四一	三四六、二九二	三七四、一九二	六三三、四二九	五一六、五三五

色花色提點布	兩	一六一、七八三	一八六、七一四	民國七年改訂進口稅則貨物名稱多有更改		
	疋	三三、四七七	四四、九二九			
印花標布	兩	一〇七、五六五	一一八、〇五三			
	疋	五〇、九四八	五四、一八六			
素、染色、印花、棉法絨	兩	一、九七〇、九三六	一、六五三、〇九四			
	疋	五三八、五四一	三四六、二九二			
日本素、染色、印花、棉法絨	兩	三六七、八三三	五一三、六〇四			
	疋	一一二、一二七	一三七、一〇一			
柳條棉法絨	兩	四〇五、六七四	三二二、六一四			
	疋	一四六、一四一	一〇三、七五一			
日本柳條棉法絨	兩	二六六、七四二	二三九、六〇七			
	疋	八二、〇七七	七七、四〇六			
織就花布	兩	八一七、四二〇	一、六三九、八七二			
	碼	五、七〇五、九一一	九、九七九、〇三九			
染紗織絨布、棉法絨	兩			一八四、〇八〇	六六、〇〇一	二六四、七一〇
	疋			四八、三四五	一三、五〇一	四五、四五四
日本染紗織絨布、棉法絨	兩			三六三、八九六	二六八、一九五	二五一、二二五
	疋			九二、四一三	五六、六四四	六七、九八三
染紗織布	兩			一、五五〇、八四六	二、九二八、一〇二	二、二四四、九三八
	碼			八、五〇八、三七四	一六、三三六、〇四七	九、五三三、四四一

縐地洋紗、縐絨布	兩			三八八、三九五	五三、八〇五	四一、四四八
	碼			二、〇四五、九一三	四七七、七六七	二一八、八六八
	兩					三六五、九七九
	疋					六〇、八八一
日本縐布	兩	三二、八〇〇	三三、五三〇	九一〇	五八四、七八二	五七、四六八
	碼	三〇九、三五八	三〇九、九九七	七三、三八三	四、一九七、九七五	四〇九、七五〇
日本棉布	兩	九一七、三三〇	一、六九九、二七六	六、一九一、五六八	八、八五八、九二八	一一、〇一六、五四六
	碼	一三、三二二、五六〇	三二、八六八、〇五六	八三、八七二、七六九	九八、五三七、〇八二	九八、四五八、〇三一
中國土布	兩			四二〇、八八四	四一四、四〇四	四六五、〇六七
	擔			七、二九二	六、八二〇	八、一二九
尺六絨、尺九絨	兩	一、九〇〇、四九七	一、三八四、八〇〇	一、四五四、二七四	四九一、六〇九	四一八、五一二
	碼	六、五七四、〇三六	四、五六一、七一〇	三、五四二、二五〇	一、〇二六、八七二	一、六四三、三六一
毯	兩	六三〇、八五一	三四八、〇六三	九七、三四五	四〇、七四七	八、九九〇
	條	一、一〇四、九二四	五九一、三六二	九八、六四二	四七、六〇五	六八七
日本毯	兩			三九一、四一四	五〇一、五〇二	二四四、一八九
	條			四三九、八四二	五八三、〇七六	二三一、六三三
毯	兩				一八、七六七	二一四、三一〇
	擔				二七三	二、五一〇
日本毯	兩				三二、七四二	一四一、五〇九
	擔				五〇三	一、九七六

手帕	兩	四二九、五九七	三四九、七八六	二七六、四九五	四八七、一七〇	六五二、一九四
	打	一、二〇三、〇三八	八五一、二四七	四四八、〇七三	七四五、四六〇	九三八、三九〇
日本手帕	兩	二〇、三〇二	二六、六三四	二四八、七〇一	三六八、七八八	二五三、六六四
	打	八一、六五六	九八、五四〇	五七一、八八一	七八三、一八一	五三三、五七二
面巾、浴巾、床巾	兩	一七一、三〇二	一六五、五九九	七九、四五八	六九、八八三	五六、四七二
	打	三三六、八一〇	二九七、六〇七	九一、三一五	八〇、四七八	六九、三三二
日本面巾、浴巾、床巾	兩	一八三、四一三	一三七、七一〇	一、〇三四、一六一	七五一、九六三	三一二、九三二
	打	五四六、五三八	三三七、六三三	一、四六四、二八二	一、〇一九、一三八	三四一、八一二
面巾、浴巾、床巾	兩				三三、七〇〇	一〇三、六八一
	擔				三一三	八四七
日本面巾、浴巾、床巾	兩				三〇、二九〇	一四八、四四八
	擔				五〇三	二、一五九
他種面巾	兩	六〇三、一七八	六一六、八二六			
	打	一、三〇八、三五八	一、二六三、七三八			
他類棉貨	兩	六、一一〇、八三一	二、八三三、五〇一	九三四、四四〇	—	一、八二〇、一三五
	碼	七七、四三六、九七一	一八、七六七、一七九	四、五九六、五七三	—	八、四六八、五九四
	兩				二一七、三六四	四三〇、六七三
	擔				三、五三三	五、一八七
「英國	兩	二二九、〇〇四	二〇一、七三三	—	六、一九九	一、二五八、八六七
	擔	五、一二八	四、三一〇	—	六六	一三、二六五

棉紗 香港	兩	二三〇、六八一	三〇〇、一二九	一九、一三〇	一四、三六六	二一、八七二
	擔	九、六八二	一三、七一五	四五一	二九八	三一三
棉紗 印度	兩	三六、三九七、三四六	二九、七〇三、九五〇	一六、三九六、〇三六	四一、六二五、五〇一	三九、二三七、三三四
	擔	一、三三〇、五六七	一、一三九、九〇九	三六〇、九六三	八三八、一一三	六六一、六三三
棉紗 日本	兩	三三、五五〇、八九七	三七、五七五、六六二	三五、三五八、八八四	三〇、五二五、二〇七	三四、七三五、二一七
	擔	一、三〇〇、九二一	一、四九九、三三六	七四五、九五九	五三〇、九一七	六二一、二四九
棉紗 他國	兩	一、六六二、一六一	二、二〇五、一四三	二九七、五四六	七六七、五七一	九八九、四六二
	擔	三九、〇六五	五五、六三二	七、二四五	一五、八四四	一四、六七二
光、絲光、染色、棉紗	兩			一、四七七、五四一	一、九七〇、一八九	二、四五五、六九五
	擔			一七、〇一三	二〇、三三三	二四、二四六
充絲繩	兩	二、八〇〇	七、一四九			
	擔	二八	七一			
棉線球	兩	三四八、六七九	三四一、二四七	七五、八六七	八一、二六六	一四六、一〇一
	擔	四、一三七	四、四八〇	七五七	七四〇	一、一三九
日本棉線球	兩			三七九、七九八	三九五、六八九	一〇八、九四一
	擔			四、〇二八	四、四二六	一、〇〇九
捲軸棉線	兩	一、一三五、三二一	一、〇三二、五〇五	一、五六七、九五七	二、〇三四、三九四	一、九八一、一六五
	羅	六三九、一三九	五五二、二三三	四八八、八二二	六五四、八五〇	九六〇、四〇二
共計總數	兩	一八二、四一九、〇二三	一八三、三三八、四七三	一五一、五三五、五一〇	三一、〇五三、七二二	二四六、八二三、四二九
應除復出口多於進口之數	兩	—	—	一五五、〇八七	一、二六七、三八四	—

共計淨數	兩	一六二、四一九、〇二三	一八三、三三八、四七三	一五一、三八〇、四二三	二〇九、七八六、三三七	二四六、八一三、四二九
毛棉呢類						
呢、駱駝毛布、棉毛布(各種羽紗)	兩	一九四、九〇六	一六五、一四〇	三五七、二六二	一六一、八〇三	三八七、八四九
	碼	七四六、五五六	六三三、九八二	七六五、九七四	二四六、九六八	六二二、四五二
氈、毯	兩			五九、四三〇	一六七、四九一	一四九、三〇一
	磅			一六四、七七八	一八四、〇七七	一一七、一八八
衣料	兩			一、〇五三、八二八	一、七七九、二〇六	三、八四六、七五二
	碼			八九九、〇二七	一、二〇八、六〇六	二、三八〇、四九九
企頭呢、斜紋呢	兩	一、一四七、五二四	一、〇四三、八四六	一三三、九八七	一一五、五二六	一九八、八九八
	碼	二、三九八、九七四	二、〇二九、一六五	一三八、七三三	八七、四八〇	一六九、二五二
毛羽綢	兩	一四、二二七	三、一五一			
	疋	一、四七九	一、二〇三			
毛羽綢	兩			八三、六九〇	二六九、一九三	三八九、三九六
	碼			九七、九九〇	一九四、六五二	二七九、七七三
毛棉呢	兩			七二、八二三	八七、七三三	一三五、〇五五
	碼			一四四、〇一六	二一〇、二七一	二〇六、七七六
毛棉法蘭絨	兩	七八、四三九	四一、四二一			
	碼	一三一、一五八	九〇、三九五			
他類毛棉呢	兩	二、〇二六、四三〇	一、三〇四、九九八	三六四、八四三	五八一、〇二二	六四八、三三二
	碼	三、五四九、一三六	二、二八九、二一三	三四九、七七三	六六一、三七二	六三七、〇七七

共計	兩	三、四六一、五二六	二、五六七、五五六	三、一一四、八六二	三、一八一、九七三	三、七五五、五七三
呢絨類						
氈、毯	兩	六一三、九〇〇	三八四、六一七	二二三、〇〇〇	二〇二、六三五	四三九、一三一
	磅	一、六一九、五五七	一、〇七三、二二二	一七五、三七三	一五三、七二五	二七四、六六八
多羅呢、冲衣著呢、中衣著呢、哈喇呢	兩	五〇四、六六八	二九八、三一四	七、二三九	四六、四五八	二七、八六三
	碼	三五二、一三一	一七八、九九七	一、三〇六	三三、六三〇	七、九五〇
羽毛、旗紗布	兩			一四二、三三九	二〇二、一九〇	八三、八八六
	疋			六、一四八	二一、一四七	五、四七五
旗紗布	兩	一〇、九五五	三、六五五			
	疋	一、九九三	二、〇九三			
荷國羽毛	兩	—	八			
	疋	—	一			
英國羽毛	兩	三三七、五一一	一九七、七七八			
	疋	一六、一三一	一三、一四六			
衣料	兩			一、五二一、三一五	一、五七八、六八一	二、一四八、一二八
	碼			七一三、二九三	六六九、八九三	九一三、九七六
法蘭絨	兩	三五、八一八	一四、五九一	二〇、五八二	二一、七六四	四七、八三一
	碼	七九、四三〇	二九、三七七	三三、九一九	三一、七〇五	四七、六〇七
毛羽綾	兩	三九四、六八〇	二八六、四四五	一〇一、三〇三	一〇四、七六三	一三〇、四四〇
	疋	三三、一六八	一〇、九〇九	三、六二六	四、四五四	五、二六九

嗶嘰	兩	二九一、九一九	二六三、〇四六	四五、三九二	七〇、七〇九	一三四、九九〇
	疋	四八、七三三	四一、九〇〇	三、四一三	五、七四七	一一、三六三
小呢	兩	一四九、六九八	一四二、六〇三	一一、七七八	一四、九三四	三六、〇四七
	碼	二四〇、九一九	二三三、九〇八	一一、〇四三	一六、九四一	一六、三九四
他類呢絨	兩	一、〇五六、一四三	八一三、〇九三	三三〇、四七一	三三六、〇八六	五二九、三八七
	碼	一、〇七九、二八二	八〇〇、四二〇	一八六、三九八	二三五、一九四	三二二、四四九
毛粗細絨線鬆絨線	兩	一、五九三、九八九	九〇六、二八三	八一八、〇一〇	一、〇三五、八三五	一、一三三、八〇八
	擔	一四、六四六	八、一〇八	三、四四七	三、九五六	六、四二三
共計	兩	四、八七九、二八一	三、三一九、四三三	三、一〇一、三三九	三、六一四、〇五五	四、七九〇、五一二
雜質疋貨類						
帆布、細帆布	兩	八〇二、九九九	六八四、九一〇	五四五、〇四四	七八九、九七五	一、〇三九、五三四
	碼	三、〇二七、七五七	二、三三一、九一七	一、七八七、五六七	二、一六三、五八二	二、五四七、三九七
蔴麻袋布、洋線袋布	兩	三三六、八七七	三三二、〇六七	五六〇、五三三	七三三、七五八	四四、八八九
	碼	三、九八九、八五八	三、五四七、三一六	四、四五四、五六八	六、三三六、八七二	三八三、三三三
	兩				七八、七〇五	三九一、〇七五
	擔				五、〇七八	二〇、三三五
細麻布、棉麻布	兩	六八、三六九	五八、〇九五	七七、五一〇	七六、四八〇	六三、八三一
	碼	一八六、八六四	二三四、八四六	二〇八、一八二	一六八、五二〇	一三五、六六七
絲絨、剪絨	兩	一六四、〇八三	二三〇、六八四	一七〇、四五九	一一六、三〇四	七〇、八五六
	斤	七〇、一九八	八一、八六〇	四三、〇九八	二四、八二四	一三、五一四

綢緞	兩	一、一〇一、一七八	一、五八一、七八八	一、〇五六、四一九	一、五六二、二二一	八七七、一五三
	斤	一三七、一一四	一八二、九二七	一一三、九六三	一五〇、〇四九	九五、五〇九
絲兼雜質織綢緞	兩	六四〇、六五〇	九三九、〇五三	一、〇五九、七九三	一、〇八四、四三八	一、〇一〇、九三七
	斤	一九八、三七〇	三二二、五六三	三一九、八四二	三五二、八七四	三三八、八七六
人造絲織綢緞	兩			四八五、九三二	一八三、四〇九	一九三、七三三
	碼	—		一、二五一、四六八	二九八、九〇九	四一五、五六四
絲織、毛織、棉織假皮	兩			六六四、二七五	一、三三三、七六四	九六八、二〇八
	碼			二六八、二八五	四五四、四四一	四一四、一六六
裝飾傢具布料	兩			七三、七九三	一一一、三四九	一四五、二六五
	碼			五五、三七〇	六二、三九一	八三、一一三
日本絲條棉布	兩	八、八〇七	一六、四六一			
	斤	五、九一五	一六、四〇九			
他類雜質疋貨	兩	三三二、三三一	六一九、七八三	三四三、五〇一	六四四、七八六	九六四、四三一
	碼	一、四三六、七五六	一、九三四、六四五			
共計	兩	三、四三五、七八四	四、四六二、八四一	五、〇三七、二三七	六、七一五、一八九	五、七六九、八九一
五金及礦石類	兩	五、三二一	五、三三七	一三、三四六	一九、三一四	二七、二六二
鋁	擔	一三六	一三七	一五七	三五三	五一一
	兩	六四、七〇〇	三五、〇二八	三九、九五三	二八六、一六九	七〇、〇三三
熟鋁（鋁製品）	擔	八五七	七三一	二四〇	一、七五九	一、〇三八

黃銅						
條、片	兩	四九三、一三四	四九五、〇六九	七五九、八一〇	八五〇、一三一	一、三三四、四一一
	擔	一七、四八五	一七、〇五五	一九、一五七	二七、一八〇	四四、六三六
絲	兩	八六、四一七	七九、四四四			
	擔	三、二六八	三、〇三三			
他類黃銅	兩	二〇五、六七四	二六〇、四六六	一〇三、三〇八	一四四、三三五	二九七、一三一
	擔	五、一五四	七、二七四			
紫銅						
條、片、竿、板、釘	兩	三五七、九九四	五九二、二五五	四一三、三三四	一、三三二、七三四	一、九〇二、一六九
	擔	八、一四〇	一九、一二七	一〇、三八二	三九、八八四	五九、四九七
絲	兩	一八九、四九〇	一八八、五七〇			
	擔	五、八二八	五、六九二			
錠、塊	兩	六、一三九、五三一	六、六七〇、四五五	四、二七二、九二四	七、四〇七、九一七	九、三〇三、一四六
	擔	二〇〇、七三六	二六二、二四一	一三一、四〇八	三一七、七六九	四一六、六九八
他種紫銅製品	兩	二七、九四〇	二四、五〇七			
	擔		五八七			
他類紫銅	兩	八二、一二五	七一、九五四	二六四、三三八	三〇〇、二七六	二〇九、六五一
	擔	三、四四〇	二、三六八			
鐵						
錨、砧、棟條、鍛成器胚	兩	一三六、七四〇	一二五、一三七			

貨名	單位					
	擔	一五、四四九	一五、九五九	二〇四、二九〇	四三八、八一二、	四九〇、三七六
翻砂鐵器胚	兩	一、九六二	三、六三三	一三、六五八	三三、一三五	三八、五五五
	擔	六〇七	一、〇六三			
三角鐵、丁字鐵	兩	二〇二、七一五	二六二、九〇八	七三二、一五三	一、一二四、二九二	一、〇〇一、六一七
	擔	六六、八五三	九〇、三三八	八九、七九〇	二一八、〇八七	一五九、四四三
條	兩	一、六四五、八三一	一、六四七、一一八	三、一三四、五五三	四、五一八、四四八	七、七九三、四六五
	擔	五三〇、三〇二	五二七、四七二	三八八、三〇八	八〇六、七三八	一、三二五、七三三
圈鐵、絲段	兩	八四六、四〇九	一、一一五、九八八	四八九、二六一	七一二、五二九	一、四四〇、六八五
	擔	三四〇、八七六	四四三、五二三	九七、五九九	一八三、三七二	三六七、一九二
穡	兩	三五五、三〇九	二五六、六四〇	六四四、四四六	六〇〇、九八五	七六九、三四九
	擔	八九、一七一	六一、六二八	七三、二五四	八六、八四九	一一九、六九〇
工字鐵	兩	一一七、二六三	八五、九八三	一九〇、七八九	二〇一、〇三三	一五九、三八五
	擔	三一、五一五	二八、七一三	一八、〇一七	三〇、〇九一	二四、四三九
釘條鐵	兩	三三六、六五三	三一一、三四四	四〇、二九七	五八、四三六	五八、三五八
	擔	一二三、三四五	一一五、六七八	五、〇七八	一一、四二八	一〇、一六四
釘、鍋釘（兩頭釘）	兩	一、四四〇、二四九	九九六、四八七	一、七七二、四二四	二、一七四、一九〇	三、〇六一、九一四
	擔	三三九、二九〇	二一九、四九六	一九八、八〇四	三〇〇、四七五	三四六、七九〇
生鐵及鐵磚	兩	二二五、〇〇九	二五五、二二八	六六三、五七三	一、〇九九、四一七	四五〇、九八三
	擔	一三〇、九一八	一四五、五八四	一〇七、三三九	二九二、三三三	一八一、〇一六
管子	兩	三七一、〇八〇	六一七、四四九	二、八八七、六一三	二、二九九、九五六	二、七〇六、四七八

剪口鐵(碎板)	擔	六三、八六一	一一一、八〇〇	二八五、一六六	二三五、四六六	二四六、九七〇
	兩	七六二、二六九	九五七、七四五	三一八、〇八二	八八四、一九七	一、七〇三、四六〇
軌	擔	三五九、八二九	四二九、七一一	四四、七〇九	二四四、三七九	五〇〇、五三六
	兩	八九六、〇五六	五五四、〇七三	一、九六二、五三六	五、三三三、八五一	二、〇六三、七三六
螺旋釘	擔	二九二、八五五	二二七、六〇〇	三三〇、〇一四	九七四、七四九	三〇九、一七九
	兩	一三七、〇一二	一一九、七一八	二三四、七二八	二五四、三四二	一四九、八〇九
片、板	擔	一三、一五七	七、八三〇	七、〇二八	八、九八六	五、〇三三
	兩	一、三五一、九九三	一、〇〇一、九〇〇	三、〇三三、六一〇	四、三七一、一一一	四、六三三、八五四
絲	擔	三五七、七七四	三二三、五二八	二三一、五五六	六八八、五九四	六七二、六〇二
	兩	二八二、五一四	一六九、一三一	一五二、七二一	二〇六、五五九	四九九、一七八
他類鐵	擔	六〇、九八五	三六、二〇三	一六、〇三七	二七、五六三	六八、二七三
	兩	四三五、六八七	二四五、四七九	六六九、四〇九	一、三六三、六一七	一、七一八、四五三
舊鐵	擔	七四、五七五	三五、三一一	六六、五六三	一八〇、四六四	二三五、〇九〇
	兩	一、二二四、一一三	一、〇二九、五七九	四六九、九〇四	一、三八四、一九四	二、五四三、七〇九
鍍鋅鐵片	擔	六三九、六八七	六〇二、九四〇	一二七、四〇八	六〇六、八二七	九五五、七一六
	兩	一、四一〇、〇九四	九〇六、三七四	一、〇八七、四五七	一、二五四、二七八	二、五六四、四一二
鍍鋅鐵絲	擔	二二五、六四六	一四七、〇八一	六九、七四二	一二八、四三三	二六一、一〇七
	兩	三三〇、〇七九	三〇二、六七五	九二三、八〇五	九〇三、一七六	七八〇、三一四
未列名鋼鐵製料	擔	六五、九三九	六五、〇九六	八〇、五九三	八八、五二〇	七八、〇八五
	兩	一、二四九、〇二二	一、一一〇、六八三	二三九、七八五	四〇二、六五六	五七〇、七四七

	擔	一一八,二四七	一〇二,四八二	一五,八八三	三九,七九八	四一,四九五
鉛塊、條	兩	七三五,三五六	八七九,三九八	八一九,六〇一	一,一九六,五六四	四三八,六六三
	擔	一〇七,六二〇	一一〇,八七九	七二,〇三四	一四六,四〇六	六一,三五八
茶鉛及鉛片	兩	三〇,五六二	三二,四二七	七四,六四〇	六〇,五一八	三一,九八五
	擔	三,六五〇	三,四六四	六,八八五	六,一四四	二,七一五
他類鉛製品	兩	五二,四四八	五六,六〇五	一三〇,八四六	一一五,三五七	一一三,二四二
	擔	七,〇六五	四,九九三	八,七八二	一三,三九三	九,二一八
他類鉛製品	兩			六二	一四六	一七八
鎳	兩	一〇四,〇六五	七一,五一九			
	擔	一,六〇一	一,〇〇三	七三,七九四	四〇七,二八一	二六八,三六五
熟鎳（鎳製品）	兩	一六,二二一	二,二一九	一,〇九三	七,〇三八	六,〇七四
	擔	二〇六	三〇			
水銀	兩	六五五,五〇二	四二,八一五	三〇,四四三	八七,五三九	六〇,六五七
	擔	六五四	三八三	一一七	五九六	四七四
竹節鋼、鋼條、箍、片、板	兩	七六九,六四一	六六八,七九二	二,五九四,一六〇	一,五五七,五〇五	一,一〇七,四九七
	擔	一三八,八六〇	一一九,九七四	一九三,〇八八	一八二,一三〇	一三一,七一五
鋼料、絲、絲繩	兩	一五九,六七七	一八四,二六七	六一八,六三三	五三三,二八三	五三〇,三〇一
	擔	一〇,八四一	一三,〇五一	二五,六五一	三一,八一一	三〇,九六一
錫塊	兩	二,三三四,〇一五	二,八一九,〇七七	一,七三七,〇二六	六,九〇七,五五一	二,六五三,五三六
	擔	五三,七八一	六四,三四五	二五,六七一	一一四,九五五	五二,一二八

熟錫	兩	二一、七八七	五八、三五四	一、一二五	三、〇九五	三、七九三
	擔	五、一八一	五四六	三	一三四	五三四
馬口鐵	兩	二、四三八、九四四	三、八七三、一三〇	四、二二四、二三四	三、八二四、八二二	五、四一〇、五三五
	擔	三六三、三六六	四二一、八四九	三一五、七三六	四一九、〇二四	五八九、三八八
白銅	兩	二〇三、九六〇	一三三、二四六	二〇、二八一	二一、七〇四	一六、九四三
	擔	四、一〇八	二、六一七	二四一	三三四	三一九
鉾（白鉛）	兩	一〇七、二五四	九三、〇八六	六三、三一二	二〇一、三九四	一三七、四六九
	擔	八、七六一	八、五九一	五、一七一	一七、七三四	一四、五七〇
鉾片、板	兩	三三三、三四九	一二四、〇九六	九六、四九四	一四四、五六三	二四一、五六八
	擔	二五、二六六	九、七四三	四、〇四〇	七、四八五	一三、三七二
他種鉾製品	兩	九三、〇一六	五六、三四三	三一、一七九	一八、四二七	五五、二四一
	擔	七、三三九	四、八〇三	一、四三八	一、六五八	三、八八八
他類五金及礦石	兩	二四三、四四四	二七九、二九六	一、〇二四、九三三	一、二〇九、九八二	二、〇四二、一八六
	擔	一一、四一四	一三、二六一	一三一、五四六	一二五、七二九	三〇三、六六四
他類五金及礦石	兩			一三一、〇六五	一四八、一四〇	一三〇、七八七
礦砂						
紫銅	兩			二、二九一	三	—
	擔			四、三〇三	五〇	—
鐵	兩	二〇七	三六、〇六一	五七、三一二	二〇二、四八〇	一一九、四六三
	擔	一、五九六	一七七、八六三	二五八、〇三四	六一四、五一五	三三二、三六四

鉛	兩			二七八	七六	—
	擔			二四九	三九	—
錳	兩	一、三四一	三〇、二七六	二八、一三七	六七四	九七〇
	擔	三三六	八、三六〇	四、六三三	二八一	九〇四
鋅	兩			一〇一、〇三四	—	一八、四六九
	擔			七五、九三六	—	三〇、八四五
他類礦砂	兩	一〇四	二、五三八	六八、九〇四	五一、五五四	—
	擔	一〇四	一、八八五	五七、八四四	二九、一九六	—
共計總數	兩	二八、九七三、一五六	二八、九三一、八〇二	三七、六三七、一一一	五六、六〇九、一一七	六一、五七一、九〇三
應除復出口多於進口之數	兩	—	—	—	—	六、七四六
共計淨數	兩	二八、九七三、一五六	二八、九三一、八〇二	三七、六三七、一一一	五六、六〇九、一一七	六一、五六五、一五七
雜貨類		—	—			
牲畜	兩	一四八、〇三三	一〇四、九二六	六〇、八九三	一二八、八一四	一〇二、〇〇〇
牛	匹	七、九六八	三、六六六	二、六八五	四、八九七	三、四二三
	兩	一、八九四	一、六三〇	九、八一四	八、三九〇	九、四五九
山羊	隻	七七〇	五八五	三、〇六七	二、八九三	三、一一四
	兩	—	—	一八〇	—	二、三四六
綿羊	隻	—	—	一〇	—	三三三
馬	兩	六三、〇〇四	六三、一四九	一七、〇四八	四、三二六	八五、〇八〇

	匹	一、〇一四	一、二六八	五三三	二三一	九一五
豬	兩	二六二、二〇五	三三〇、〇七六	三一、七四九	一六〇、二六四	一三一、三四四
	隻	二四、二一七	二〇、〇二九	三、二六七	一五、二二八	一〇、九五七
家禽	兩	七、九四一	五、〇三七	五、八九八	二、七〇八	五、一八三
	隻	二一、六九五	二一、九五三	三九、一七一	一八、一七四	一四、〇七九
他類牲畜	兩	七、二五九	八、一三七	三、七九七	三、六二六	一、四〇二
	隻	五三三	八七五	二、二一八	五、五三六	四、一四五
八角茴香	兩	二二四、九七二	一八九、〇〇五	四六九、一七八	二七九、七五二	一八六、九八〇
	擔	一三、八七八	二一、九四七	二四、二三五	一五、〇一一	一〇、六八七
軍械軍火						
軍用	兩	六、七三八、四五四	四、四五二、七五七	一四、〇九三、〇二四	二、四九六、五七八	二四二、二四二
獵用	兩			四一、六五二	一〇八、一五九	三五〇、七五六
石棉	兩	六四、二四四	九四、二七二	一一二、二四七	一六〇、九三三	二七五、三四九
各種袋包	兩	三、一一四、八七〇	三、七一〇、九一五	四、三七九、七一一	九、三六六、一三四	六、一三三、五九二
	個	三二、〇四九、七〇八	三七、八五九、二六六	四三、三六八、五〇七	六七、三〇二、七〇一	四五、四七〇、九二六
各種袋包	兩				一七三、六七八	三、九八七、五二七
	擔				一七、四五九	三三七、二三〇
大豆、豌豆等	兩	一、〇一五、二〇八	二、三三一、三三三	一、二二三、五七五	三九六、七四六	四七六、七三三
	擔	三六九、三四一	七六二、六三四	四一三、四一八	一二八、一三八	一四七、一九五
鐵床架	兩	二二一、五三一	二二三、一四八	一一〇、四二四	一五三、一五七	二八三、〇八〇

	架	二三、二五〇	一〇、一〇〇	九、三六四	一一、四九六	二一、一〇六
銅床架	兩			三〇、八六四	七九、三四三	一四七、六二五
	架			七三五	一、八六四	三、三〇四
機器皮帶	兩	二六七、九〇二	二七七、五八八	五三九、七二〇	七四五、五五〇	一、五三五、八八六
檳榔	兩	二八九、一九六	二六四、七五八	二六二、〇四九	三四三、五一九	二六二、五五四
	擔	五九、八一三	五四、〇五七	四七、五九四	七一、六五五	五四、八六六
海參	兩	一、一六五、七六八	一、一八九、三四九	一、六八一、三五五	一、五一四、六九九	一、九一〇、九六一
	擔	三八、二六四	三六、三三六	四一、三三三	四三、三四二	四五、一九七
燕窩	兩	六五四、四五一	六九四、四四五	八二二、五六二	八五四、九二六	八二三、九三七
	斤	八五、七七三	八一、六〇五	九六、〇四〇	九九、三三九	九〇、三三一
餅乾	兩	一七九、九九三	二二三、五四二	一一五、八〇三	二一九、四一八	三六九、〇五五
書籍、樂譜	兩	五四六、九三七	四七八、〇二六	三六〇、九三〇	四四五、七四八	五七五、九六一
硼砂及淨硼砂	兩	四三、六六三	二九、八九五			
	擔	四、九〇一	三、〇六三			
空瓶（除橡皮瓶）	兩	二七四、〇七一	三二一、三八七	二七八、三三三	三〇七、二七一	三七三、五九四
錦盒	兩	一六二、一七一	一四九、三九六	八四、〇三七	八七、〇二四	九四、五一九
	羅	一三九、四四七	一一五、二五二	三九、四五一	五六、三七二	七四、四八五
羽毛帶	兩	三六四、九五六	二六三、四五二	二四、二六五	二八、六七二	一八、四二二
	擔	二、五三二	一、七一三	九九	一〇八	八三
他類帶	兩	四五一、一一六	三三五、二三七	一一七、一二八	七四、八七四	九三、九九三

各種榛(麩)	兩	三、三二四、七一八	二、七二八、五五八	二、七九二、六六九	二、三九九、七五二	二、五四三、一二〇
	擔	二、一一〇、〇八九	一、一六三、一〇四	一、八八七、〇三三	一、五〇五、四九八	一、二七三、五八二
磚、瓦	兩	一五二、六九〇	三〇九、六七七	五三五、九〇五	四六一、〇一四	二三〇、八六九
	塊	三、七五一、一〇一	四、二三六、三四七	八、一三八、三四一	六、五一四、四六六	二、七九六、一一七
未列名建築材料	兩	五四二、二三二	七五七、四八八	九二四、一八八	一、六七七、五七四	二、三七三、五八三
奶油(清奶油在內)	兩	五八二、二六六	七二九、二四一	五〇七、九八二	三四一、七四四	五三七、三三三
	擔	一三、二六六	一四、五三四	一三、六八一	七、三五〇	一〇、五七四
銅鈕扣、花鈕扣	兩	五二四、〇五一	三九四、〇三七	三〇〇、六八九	四四四、〇六〇	一八八、二八三
	羅	一、四三九、六六二	八八二、六四七	一、一五二、〇一五	一、五九九、八九〇	七〇六、〇四四
各種蠟燭	兩	五七九、七八七	八一七、一一六	一、〇五七、九四三	一、五四〇、一九七	一、三〇四、八一五
	擔	五〇、三八三	六三、三〇九	六三、六三一	八二、三六三	六四、八六一
製造蠟燭材料						
蠟燭芯	兩	一九、〇二三	三六、三六七	一三、二五七	一四、六一二	一三、一四八
	擔	二七〇	四五七	一五三	三六四	一四〇
斯蒂林白蠟	兩	一九四、六一四	三六九、九六八	二三八、六九二	一六八、九一四	二五〇、九一〇
	擔	一一、五八八	一九、七五六	九、八五九	八、八七四	一三、〇八九
他類製造蠟燭材料	兩	一、四二六	九、二七九	一、〇八八	一五、三五二	二五
砂仁荳蔻	兩	一九六、九五八	一五〇、二〇四	三〇八、一一三	三〇〇、四五八	二三九、九四三
	擔	七、三四九	五、四七四	九、二六二	一〇、五一二	七、七六三
地毯及材料	兩	一一七、二四七	一五〇、六一〇	三〇六、五三〇	二七五、二六七	四〇三、二九七

各種空桶、空箱	兩	五一、三三四	一九五、二八五	一、〇六五、一四六	一、八九五、〇八八	一、三九三、六七一
魚子醬	兩	二三、九八六	四一、三三七	一〇九、三三八	—	六四、三九五
假象牙、假翡翠	兩	六三、九八〇	五九、九七八	八五、七五三	二六、一四九	五四、二四七
水泥	兩	六〇八、二三一	九一一、八〇三	九五三、八二〇	一、六二二、三五一	一、八六〇、一七〇
	擔	六一八、〇一九	九〇一、二六三	八六二、三三〇	一、五一五、一八九	一、七一五、八五四
五穀						
大麥	兩	二九、八二三	四一、八六七	二四、九一四	三四、三五〇	三九、四五五
	擔	五、一一七	八、〇五七	四、七二八	七、一五二	七、一五五
玉蜀黍	兩	一六、〇二五	三八、九八四	八六、八七四	七、八九九	八二、一九五
	擔	八、二七四	一三、五三三	四三、四五五	三、八八一	三三、二四九
燕麥	兩	八二、六三一	四九、〇八八	七三	一、一一五	二九、七九一
	擔	二五、五五七	一四、五一三	五七	二九一	一〇、一五三
米、穀	兩	一八、三八三、七一九	三三、〇九四、七八八	三三、七七六、九三三	八、三〇〇、二九一	五、三六二、四五五
	擔	五、四一四、八九六	六、七一四、〇〇三	六、九八四、〇二五	一、八〇九、七四九	一、一五一、七五二
裸麥	兩	三、八八四	八、二〇八			
	擔	一、一七六	二、〇二七			
小麥	兩	六、一四四	三、一九〇	八四	八八	三三、二九七
	擔	二、〇三二	九九八	一六	二〇	五、四二五
他類五穀	兩	九九、五一五	九三、〇九六	一三三、五九八	一三三、五七八	七〇六、二九五
	擔	一三、九六九	一四、一八六	一七、六一九	一三、四八〇	二七、九三二

炭	兩	一三三、五三五	一六七、三三六	一〇八、八〇一	八六、五六〇	五四、一〇九
	擔	一三一、五四一	一六五、〇七五	九一、九二七	六〇、九四一	四九、四三九
海圖、地圖、畫幅及他種繪畫之圖	兩	四〇、四一四	四四、〇六九	七四、九六一	八九、一七五	一三九、五九五
奶酥	兩	一〇九、七七三	一〇三、一六四	一三四、三三一	五八、六九〇	六五、六八六
	擔	二、九二〇	二、六六四	二、三二八	一、四八二	一、四三五
化學產品	兩	四八六、二七二	四三九、八五九	一、二〇〇、一五九	一、五九七、九四九	二、二九一、二〇三
粗細磁器（瓦器陶器在內）	兩	一、二一〇、八三三	一、〇四二、八六七	一、二五五、二九九	一、二八七、〇三〇	九五三、二一七
紙烟	兩	三、五八九、三〇〇	三、五〇八、八四二	三、九八三、五六三	二〇、九六三、四四九	三、〇二九、五八五
	千枝	六、二〇九、〇三七	六、一三〇、四五八	九、三三一、九四一	七、七七一、九四七	八、一〇四、一六一
製造紙烟材料（除菸）	兩	一六一、九三四	一一四、七六六	一、二八六、六五三	一、一八七、七一八	一、七四〇、〇五二
雪茄烟	兩	四七八、四九二	三九三、五三九	七六三、六五八	八七一、一九三	七八六、六九九
	千枝	三七、五六五	二七、六四二	四八、三九〇	四九、一七六	三七、五七六
肉桂	兩	六五、一五〇	八六、六七二	八三、七三三	一〇〇、三六二	二九、〇四六
	擔	六七六	八七〇	八八〇	九九五	一、一一三
鐘表	兩	九三三、三〇三	八三三、九七一	八六七、四六一	一、一五三、〇一四	一、二〇〇、三三五
	個	五四九、一八〇	五二一、四一九	三四七、七四七	四一五、四六九	二九六、六五五
衣帽靴鞋手套	兩	六、五〇一、二六八	四、六四六、七九〇	五、〇三三、四七五	五、七七八、六五七	—
丁香、香料	兩	九四、三三〇	一〇五、九三三	三三、九四三	九一、七三五	七三、八二七
	擔	七、九〇一	七、六三二	一、八七二	四、四三三	三、三二七
煤	兩	九、四二〇、七五八	八、四六九、八五二	一三、五九三、四七九	一二、五一七、四一八	一四、三七四、五七九

貨名	單位					
	噸	一、六九〇、八九二	一、六〇〇、九五四	一、〇七五、〇五七	一、一七二、八二三	一、一五四、五三一
焦煤	兩	七一、六八六	六六、二八六	八七、三一九	六九、六〇二	四九、三八二
	噸	五、五九七	五、六〇一	四、一五四	四、三一九	三、一六三
高根	兩	—	三	七年以後併入藥材內		
	英兩	—	一三			
可可（生查古聿）	兩	四、〇二〇	一一、五三四	七七、四四五	—	六、八四〇
	擔	四一	一一八	三、三七七	—	一四三
可可糖、查古聿糖	兩	五九、九一六	七七、二九四	二四一、九一九	一〇六、七四八	一三七、九〇二
	磅	一三二、六九二	一四九、二五三	四五六、八五一	三三五、二九〇	五一三、八一一
咖啡	兩	八一、二四三	八一、三三九	八九八、八一七	—	五一、〇五七
	斤	二六三、一三三	二五七、四七四	四、七六四、七一五	—	二三六、六六六
蜜餞	兩	三三六、六八六	二九八、七二六	一七五、一五〇	三三五、五二四	四九七、二〇〇
繩	兩	三九五、〇三四	三七九、三八八	五七六、八三五	一、〇〇〇、九九四	六五〇、二〇六
	擔	二三、三〇一	三〇、四〇三	四五、七四六	七三、九三三	六〇、七〇〇
瓶塞	兩	五四、五〇一	七一、〇六二	五六、六一七	六五、〇二四	九八、〇三〇
軋棉花機器	兩	一〇六、六五五	五〇、六五一	九三、三四〇	一三四、五四〇	一三一、二四八
棉花	兩	三、〇一七、三一八	二、八七二、一一八	六、〇七〇、五一七	六、四九九、〇七三	一七、九九三、一七〇
	擔	一三四、七三五	一三六、四八八	一九〇、一一〇	二三九、〇〇三	六七八、二九七
棉胎	兩	一三三、四五八	一三五、一五一	二〇四、一二九	二九六、八一五	二三一、九一三
	擔	五、二三一	六、〇八〇	七、六七三	九、七二〇	七、三一六

床毯、檯毯	兩	五一五、六五九	三七四、四四七	三三五、八九二	五二八、一一七	四〇一、四〇九
鎔金泥碗	兩	一四六、九〇一	一七二、八四六	二四五、七四四	三〇四、五四一	三五五、六五二
利器、電鍍器	兩	二六六、五六八	一七八、〇五四	—	三四五、三五九	四六六、四八四
染料顏料油漆						
各色染料	兩	五、四〇一、八二〇	三、二六四、九七一	七五一、九五八	三、〇四二、九一七	七、七三〇、二九一
栲皮	兩	一七四、六〇三	二三六、七一一	一九八、七七六	三五一、七三一	三三八、四七四
	擔	一〇七、七三五	一五二、三八八	一一〇、〇五八	一七七、六〇八	一一七、八二〇
硃砂	兩	一三〇、一九五	一〇四、四七三	二四〇、二四九	二六七、一八九	一七八、一二八
	擔	一、七一四	一、三六六	一、一二八	一、八六四	一、八二五
人造靛	兩	九、六三三、一五七	一〇、三三一、三三八	一四六、六四二	一、三三三、二六九	一五、三〇六、四七四
	擔	三一九、五七五	二六三、二七三	一、五〇一	一八、七九五	一五五、六四一
天然靛	兩	五六、九三九	四五、七六三	六二九、三六八	六三七、一一六	四七〇、五三〇
	擔	一三、六二〇	九、一八九	六三、〇八三	八七、六九九	五八、四六七
蘇木	兩	五一、五九二	三七、二五三	一〇八、四六〇	三三四、〇六五	二三一、六一四
	擔	一三、八九一	一七、一七八	三八、〇六六	八〇、八〇〇	六九、〇一七
銀硃	兩	二四三、五三三	一八四、九四六	二〇五、四五〇	二五六、二〇七	二六九、六五八
	擔	五、七四九	三、七三〇	二、二三五	二、六四七	四、〇〇八
他類染料、顏料	兩	九五六、五〇〇	七七〇、九三三	九一三、〇〇八	一、二四七、三〇〇	一、四二七、八六八
	擔	一三五、六四九	一四五、八八八	一〇七、一一一	一三一、一四三	一三八、〇一三
油漆、及漆油	兩	八六二、七三七	八七八、二六二	一、〇六〇、七三〇	一、七九四、七二三	一、九六八、六二七

	擔	七二、七六四	七〇、六五五	八三、一六九	一三四、三四四	一六三、六〇五
野鳥蛋、家禽蛋	兩	三二、二五八	二九、七八五	一九、九七四	一三、四六四	一七、八九四
	個	三、四六九、〇〇三	三、四二四、四〇〇	二、三七八、〇七一	一、三三五、五三四	二、一九三、八一七
電氣材料及裝置品	兩	二、三三三、三三九	二、七五七、八一九	四、一三三、一九四	四、九九一、八二一	六、二九四、六三三
象齒、象牙	兩	八二、六四九	七四、三四七	一八六、一七二	二二五、四三三	二三六、七九三
	斤	二三、六九〇	三二、四七七	六七、二〇二	九一、六二三	一〇四、四〇〇
金剛砂、寶砂（粉、布、紙）	兩	六七、〇八四	八九、七一二	一一七、六八五	一七一、六四四	一三三、一八四
琺藍器（搪磁器）	兩	一、一四八、三九五	八八九、九〇四	一、一〇六、五三三	一、二二五、九四六	六五三、一一五
實業用炸藥	兩	一八九、六五九	一二四、二八一	二七五、一五八	三三二、八一七	二三七、七三三
	擔	六、一五一	五、九三五	四、三三一	四、九七七	四、七二七
葵扇	兩	二八四、三四〇	三三三、二一〇	四二八、三〇一	四五九、五三六	五二五、六三一
	柄	四七、七四八、四三九	四四、二八〇、〇四八	五〇、一五一、三七九	五二、七二四、四五四	五七、七九九、九六一
他類扇	兩	一五〇、四七四	一三八、六〇三	二〇七、七四三	一六二、一一〇	一〇六、一一七
	柄	四、四二三、八九八	四、三三一、九六三	五、八八六、三八三	四、七七三、七一六	三、二一九、〇五一
氈及氈片	兩	三四、八七四	四八、一二五	六六、六四六	七八、[illegible]六五	六三、四〇四
魚介海味	兩	三、九七四、五四〇	一三、三〇八、〇一七	一三、五六六、七二七	一一、一九四、六一〇	一三、三〇五、六九〇
	擔	一、四七三、二八八	一、六一六、九一五	一、四四五、七五三	一、四〇七、五一八	一、七四九、二〇三
麪粉	兩	一〇、三〇〇、六一二	九、一四〇、八六二		一、二四二、二八五	二、三三〇、二二五
	擔	二、五九六、八二一	二、一九七、二四一	四、五五一	二七一、三三八	五一一、〇二一
馬料	兩	一、三七七	六、一八六	一一、七六三	八、四六八	三一、七二五

	擔	九二九	一三、六七五	一三、三三一	一七、一〇三	二五、七三七
他種食料品	兩			五七七、一九〇	七五六、〇七七	六八五、九四二
乾菓	兩	七六二、一八八	八九六、六四九	八七五、六八九	五九八、三〇一	一、一七六、六五〇
	擔	八七、一三五	八九、七〇七	一〇三、四七〇	七三、一七九	一一、九一九
鮮菓	兩	六五三、三一六	七三〇、一九五	八三五、四二五	九八九、一八七	一、三三五、四五一
	擔	二一七、六一七	二二五、五三二	二四九、九二三	二六五、六二三	二九一、九一三
家用木器及材料	兩	五四六、一六六	六二一、三二六	一、一三三、三六五	一、五六五、二九〇	一、九八九、二八八
煤氣裝置品	兩	八七、五六五	一五三、六八四	二六四、九六四	二六〇、六六一	二七八、九五五
汽發油、扁陳汽油、石腦汽油、石油精等	兩	一〇七、七九六	二二四、一三〇	五六〇、三四四	一、三四二、二九五	一、六七四、三七四
	加倫	四六五、五七七	八一九、五五六	一、一九四、二九〇	二、一七四、七四八	二、六〇四、六三四
洋參	兩	一、六四九、三九六	三、〇六七、六七一	三、四七〇、六五三	二、〇七六、一七一	一、五四六、一四四
	斤	三三四、八一六	四五二、四一六	三四九、三三三	二五九、七九二	二六二、六九七
玻璃片	兩	一、一四一、六四四	九九七、三六七	一、五〇四、五七五	二、〇三五、九八五	三、四五九、五〇〇
	箱	三一一、九五〇	二五五、七二一	一五六、二七一	二三七、三五六	三〇三、六九五
玻璃及玻璃器	兩	八七〇、八八〇	六三六、六五一	六〇九、二三六	六五五、七〇七	一、二五〇、九四三
熟皮手套	兩	二五、四三九	七、〇九九			
	雙	五八、八四五	一一、五六〇			
皮膠	兩	二七〇、九二四	三〇二、〇八七	四三二、八八三	六〇三、五六九	五四九、一三三
	擔	一四、五六九	一五、六七〇	一六、五四三	二六、四二八	二五、二二二
甘油(洋蜜糖)	兩	一三五、八九一	一〇三、三〇三	一	七四、三五二	一〇六、二二三

	擔	四、二六一	三、〇二八	—	二、〇八四	二、九九七
花生	兩	一、四三二、三五六	八四八、〇五〇	三、四七一、九七八	九六一、二三九	一、一〇八、七七一
	擔	三三四、二六二	二〇一、六三六	七〇一、四六一	一七九、七七四	一九六、一九六
香料（沒藥乳香等）及蠟（除油蠟）	兩	一三六、八三六	一三七、六二二	四三〇、九六三	五三八、四三三	五六六、六八四
	擔	一六、四三七	一七、三〇二	二九、八〇三	四四、一〇四	四五、一〇三
石羔	兩	七七、九三〇	四七、九四三	六、四六三	二八、〇九七	二六、七九八
	擔	九六、三八五	六四、八四六	三、九四三	一四、九七二	一五、〇九一
女紅用品	兩	一、一一三、一六二	七七三、九六二	一、〇〇二、九七九	一、一八八、三三五	一、二九一、八七八
毛髮、羽毛、羊毛	兩	一三二、四三六	一〇三、〇七七	二五六、五一七	二八八、二五八	四四一、四六二
	擔	一四、九〇七	一〇、六五四	一一、二一六	一七、四三二	一七、一六三
火蔴	兩	二四五、五七四	二五二、九九四	二四一、六〇二	四三一、三九六	二七九、五五四
	擔	三一、三一二	一八、八七五	一五、六二九	二九、三三〇	三三、四八五
生牛皮	兩	三八四、六二一	五四九、八五七	八七六、七八四	一、〇二四、八九〇	八一八、三一八
	擔	一七、二一九	二二、四四四	二七、三六一	二八、一五五	二四、一六五
蜂蜜	兩	三八、八五六	二一、七六〇	二七、九七五	一四、五五六	三三、三三一
	擔	二、〇〇四	一、九七五	二、〇一六	一、三三四	一、二〇七
蛇蔴（霍希花）	兩	三三、〇八一	三三、九二〇	一四、九三一	一〇、一九一	四九、九七五
	擔	三一二	二六六	四三八	二〇〇	六二五
鹿角	兩	一〇八、三〇九	一〇七、九七七	三七〇、六五六	二五九、二五九	一五七、一九五
	擔	五一三	一、〇〇九			

犀角	兩	六七、四〇一	六七、二五四	八八、三九一	一二三、八六九	一〇六、九五四
	斤	一、二五二	一、一〇一	一、二五七	一、〇五七	一、二三八
襪	兩	一、九二三、七〇三	一、三七三、七九一	一、八七二、一三一	一、八七四、四六三	九六一、九六七
	打	二、一〇九、三〇一	一、七四九、五四三	一、九一三、〇〇一	一、八七八、五〇三	五四九、一四八
	兩				二一四、〇一四	八〇二、八七三
	擔				二、一三三	七、七七一
橡皮及樹膠	兩	一六、一八八	二六、三一八	一九、七八八	二六、九八一	三四、〇五四
	擔	二六一	三九六	三一三	六六六	八四〇
各種橡皮及樹膠製品（橡皮靴鞋在內）	兩	三六〇、五三九	三八二、四八二	七三五、八四九	一、四六一、一九八	一、五三四、一三七
自行樂器	兩	二一三、八〇四	二一六、七七七	一三一、一二一	二〇八、〇二五	二四七、九七一
洋琴等類樂器	兩	一八二、八四一	一三八、三六四	一二六、四〇三	一三六、八一八	二三四、七〇三
科學儀品（醫家器具光學器具外科器具在內）	兩	七三九、五二八	八七六、三四一	三二四、七五六	六五〇、六一一	七〇七、三二四
魚膠、洋菜	兩	二六七、九七九	二四四、一八一	一七九、五二二	四〇一、七七二	三一二、九八四
	擔	五、四〇五	四、八九七	二、四九三	五、〇五〇	四、五三六
玉石	兩	一七七、六五九	一七一、九二六	二五八、六七四	一二六、四九一	一六七、一四三
	擔	三、八八四	三、六六〇	四、二三五	二、二四八	五、二四八
眞假首飾（金銀器在內）	兩	一四〇、六六一	一七八、五四五	二四九、八九九	二九四、六二一	三三〇、一六九
鏤空花帶、花邊	兩	七七四、〇二五	四一七、七〇〇	五一七、一二〇	四九〇、七六九	二四八、〇三六
燈及燈器	兩	一、三五六、四二三	一、〇九九、九五〇	六八〇、三二七	八四七、八二八	九六九、二四七
熟皮	兩	七、一七八、九二二	五、九八六、九〇〇	九、三九二、五九六	六、九二〇、三七六	七、〇二三、四八二

	擔	一〇九、二九五	九一、二六〇	一三三、四六一	一二三、七三一	一三三、八二六
熟皮製品	兩	三五六、六三九	三三八、二七〇	二一八、七五五	一三四、一三四	一四二、九二一
充皮及漆布	兩	一九七、三五六	一〇六、一九四	九〇、四九二	九一、二五三	二二四、九三三
燃料油（柴油）	兩	一二五、一〇四	一四六、一八七	三三八、二三五	三八五、六六〇	一、〇七三、二一一
	噸	一三、〇六五	九、一九六	一八、二〇四	三七、一四八	七五、四四七
著衣鏡、面鏡	兩	三七六、七一二	三一〇、一四六	四五三、九四八	四〇九、七六二	三一三、一三九
柱圓	兩	九四、九九四	一四九、六七〇	四七七、九九三	七一、六三六	三三三、四三三
	擔	一〇、四四七	一三、九八七	三九、八四八	五、〇九三	一五、〇七七
粉絲、通心粉	兩	七九四、一六三	八一三、二三五	九四七、四三〇	七九四、〇九七	九六一、一六六
	擔	九九、七九一	九七、八三〇	七一、八二一	七四、一七三	七八、〇六八
機器需用器具	兩	五〇、四五四	九六、〇七三	三三一、四〇三	四九一、一九六	七五五、二八一
農業機器	兩	一一三、七〇〇	五三、五八五	一六四、一八八	五二一、〇三三	一、〇〇四、二七七
運動機器（如汽鍋爐、平水輪等）	兩	六四二、二〇九	一、〇五一、二七三	六四六、〇三三	一、五八九、四〇五	二、三四七、六三四
織造機器（如梳刷機、印色機、織紡機等）	兩	八三六、八六四	二、〇三五、六四四	一、六五〇、〇七四	三、七四四、〇一一	六、九〇三、六一〇
釀酒機器、蒸餾機器、製糖機器等	兩	四八、五一八	一六、五九八	一九、三五二	三一、二七一	二七、六三四
他類機器及零件	兩	三、〇〇九、七一〇	四、八三五、四六二	四、六七四、八七九	八、二四二、七三〇	一一、九八三、一〇一
刺繡機器、針織機器、縫級機器	兩	八九四、二三四	五五六、九六五	二八二、三三五	六一〇、一一三	一、〇一五、二八二
大麥芽	兩	五四、二五一	三九、九二六	三九、九六五	七六、二七五	七三、三五六
	擔	七、七二一	四、五一四	三、四二八	八、一〇〇	一〇、三一五
肥料	兩	九四八、四七六	九〇五、五四六	七五二、一六一	一、〇四一、一九八	一、〇一九、三九四

	擔	九〇八、五五七	八五三、三八二	八四四、〇三一	一、一四二、一一三	八四六、八八四
假奶油	兩	一三、六九一	一一、六一八	二〇、〇七三	二一、五五〇	三七、九一七
	擔	五八三	四八九	七三	二八五	一、〇八六
火柴	兩	六、三四一、一五八	五、六二六、八八八	四、六〇五、四二七	五、四三五、三四五	二、九六五、九二五
	羅	二八、四四八、一五五	二三、八三五、七七六	一三、三四〇、八二一	一六、五九八、九四三	八、四八四、二九六
製造火柴材料	兩	四九五、六五七	五一八、四九六	一、六四四、六八一	一、七二九、〇九五	一、八九三、六七〇
各種蓆	兩	五〇二、一八四	六七七、七三三	五五九、五五九	七二六、二一七	五七四、四三五
	條	六、四六八、二三三	七、六〇六、〇三三	四、二九二、九一一	六、二五七、八〇四	四、七一五、九三四
乾肉、鹹肉	兩	三二八、五〇七	三八九、九五三	三八八、七一〇	三〇五、二六四	三三八、一六八
藥材	兩	四、〇二六、〇九二	四、一七一、四七〇	五、一三五、四九六	五、四七〇、〇四一	六、七九〇、二三〇
罐頭牛乳	兩	七八二、〇七八	九一三、四三三	六八七、七四三	七四四、五六一	二四一、九八八
	打	四八三、七二〇	五三四、〇九二	三五二、一七八	四〇二、三三六	八九、五三三
罐頭牛乳	兩				三六四、一三一	七三六、六一一
	擔				二二、一〇五	三六、〇六八
糖漿	兩	三一八、三〇〇	八〇四、二七一	二二八、九九六	四七八、二九〇	五九八、九三三
	擔	二八三、八一五	六七二、四五三	七八、四四七	三三四、七三五	四二二、三三七
嗎啡	兩	—	一三四、七三三	自七年起併入藥材內計算		
	英兩	—	二六、〇九二			
香菌	兩	六六二、六八七	七〇三、〇六六	八七九、九五四	六九七、三〇九	六二九、四九〇
	擔	一六、一九〇	一六、三九九	一八、五七〇	一四、〇九四	一一、三九八

針	兩	一、〇四五、一七四	五六六、三八〇	二、四七六、五一四	二、九九一、三六六	一、七五六、〇九〇
	千枝	四、九二九、七一〇	二、五六六、五九九	二、五一二、四一二	四、一〇三、五四九	二、七七六、四四九
機器油	兩	七〇八、四六七	九九一、三〇三			
	加倫	二、四四九、五八六	三、一八三、四六三			
煤油　美國	兩	一四、三四九、七二〇	二四、一一四、五八六	一三、八二一、七九四	三六、三三二、七七九	四〇、六一一、七〇三
	加倫	一二三、四五九、九二五	一六二、三七三、四四七	四八、二四九、二九七	一五七、二九三、五二五	一四〇、六九〇、五四七
煤油　波羅島	兩	三、四四三、七〇〇	三、四七七、一七三	二、七三六、九二八	一、四七四、五八〇	二、五五四、五二四
	加倫	二三、六〇三、九四三	三三、六一六、三八五	一一、七〇〇、六九一	六、四〇一、四三七	九、五〇八、八八二
煤油　日本	兩	五、二六二	九八、三九九	五五一、七九九	二一一、七五七	一一三、五九〇
	加倫	三四、二六五	五一四、四七〇	一、九四七、九七〇	六五一、〇七五	三七四、五六五
煤油　俄國	兩	一、一七七、二九二	一、四二三、五九二	—	—	三一八、八三八
	加倫	五、九七〇、二七一	七、二〇〇、七〇〇	—	—	九四三、四四三
煤油　蘇門答臘	兩	六、四二六、八七一	五、九九一、四九〇	一三、二〇五、五四八	八、二六三、七三九	一〇、四九二、八五〇
	加倫	四一、九一五、六四八	三七、四九五、七〇六	四八、五二七、二〇六	三三、六一二、四七三	三七、三一四、四六九
煤油　他國	兩	—	—	七、一四六	四二九、六五九	二二六、七八五
	加倫	—	—	一七、八六五	一、四四〇、三二九	七五六、六三四
滑物油	兩			一、八二七、四九一	二、一七二、二四六	二、四六八、九四六
	加倫			五、三六〇、〇二八	五、九一五、四三五	五、七七六、五三二
植物油	兩	一、七三七、一八一	九五四、五七一	六九六、〇四七	七二一、五九四	七一四、三九二
	加倫	一、五九〇、八七六	一、一五五、一六〇	八六二、〇六七	九三四、二二六	八二六、九二七

	兩	八四六	六九四			
油糟餅	擔	三三	三三一			
油池及裝置品	兩	六二、五四一	三七二、五五五	八、五六五	四八、一三九	一五五、九三三
煤油鐵箱	兩	一三七、七一三	六三、七五四			
	個	五六七、七七九	六二八、〇七三			
	兩	六、一二〇、八九二	五、七五八、〇五九	六、三八七、三〇六	九、三五九、八〇九	一三、一〇二、一一六
紙（紙板在內）	擔	九七一、三四七	八四七、四六三	五四一、五二一	八六三、〇三六	一、〇三六、五一一
	兩	一、〇四八、三六三	九一三、二〇二	八五六、二五八	八五二、八四三	一、〇五七、〇七〇
珍珠	兩	—	二六、六〇六	一六、八四四	五二、八九三	二三、四三三
黑白胡椒	兩	九九一、四三四	七八四、五四一	一、〇一〇、七三五	一、三九三、三三三	一、七〇四、三四四
	擔	五一、九八五	三九、一四三	四七、八五八	六八、四六七	八二、七一九
香水及脂粉	兩	四四六、三五四	三六一、八〇三	一、一一一、七九五	一、七三三、八八八	一、五一六、八六九
照相材料	兩	三一四、七二八	三〇五、八四三	三九九、〇〇四	五六〇、七三一	八二六、五二四
新鮮花卉	兩	二九、八一三	三二、二七一	四五、九四八	四四、九一四	五五、八四四
山薯	兩	二四、八五九	一七、〇五〇	自七年起併入乾鮮菜蔬內計算		
	擔	一五、四七五	一三、八四九			
鉛印石印材料	兩	四〇〇、二九七	二七八、八二二	三八九、八八三	六〇一、〇七一	九一二、五六〇
鐵路材料	兩	一、四四五、七一四	二、九九五、九九九	一、一三一、七八四	一、八六七、〇一九	二、三四三、五四四
枕木	塊	一、五三六、一三六	二、九三〇、五二七	一、〇一五、一三三	一、五三二、七〇六	一、八〇九、一二六

未列名鐵路材料	兩	二、八七一、九八〇	三、五五五、二〇六	一、四一九、七五三	二、〇一六、三三〇	一、八〇一、〇六七
籐條、籐片、籐皮、	兩	八二三、六三八	七三三、一四一	六二七、八三五	一、〇四三、三一四	九九九、六六一
	擔	一三四、九四二	一三六、三六七	九四、七五七	一四九、六七一	一五四、六一三
保險鐵櫃、鐵門、	兩	一一六、七五八	九九、六四〇	一四〇、七八三	一六三、一九八	三三四、八〇九
硝	兩	四一五、一〇五	三七八、四二八	四一、二四五	三六、〇〇一	二四八、六八〇
	擔	五九、九三七	五三、八一二	二、四八一	二四、一三九	三〇、一一五
檀香	兩	八〇三、七八〇	一、〇二三、九一〇	一、七七六、一九三	一、六六七、七六一	二、一〇六、一五八
	擔	八三、七六六	一三三、一一九	一三一、〇一七	一五九、一六九	一九四、三七九
秤及天平	兩	八一、三六六	八一、〇四二	九〇、三一七	一〇七、六九三	一七二、八〇一
海帶、海菜、	兩	一、七一四、〇〇九	一、六九三、一七七	二、三三六、〇七四	一、二七四、七四一	一、七二五、九五七
	擔	六三五、九七八	六二一、二四三	七九六、三〇一	四二四、七一三	五二六、七六六
各種子仁	兩	四八一、四四七	五二〇、一一〇	六一〇、六四九	七〇〇、五八三	一、〇七二、五七〇
	擔	五二、〇三九	五八、七一〇	五二、九五六	五六、二六八	九一、〇〇〇
製造船艇材料（五金或木料內未列入者）	兩	九八、五二三	五三、八六一	二五〇、八五一	一一四、三四三	八六、〇七一
皮鞋、皮靴	兩	四六七、四八九	五六四、九九二	二、五三一、九四九	—	—
	雙	二九二、六三三	二三八、一七四	八〇六、二四六	—	—
桶箱全副板料	兩	五八三、三八〇	六五七、三三一	一、一一七、二八一	一、三七六、五三八	二、〇三七、一〇〇
絲棉帶	兩	五一六、四九三	二四七、七三四	六三、五三三	二三四、〇八一	一三七、二七一
絲及絲貨	兩			一二八、三六八	二二四、六七一	三九八、八六八
絲紗	兩	四八、三八九	四七、八三〇			

	擔	六二七	六三九			
皮貨（裘）	兩	二六九、八九六	二九六、八八二	九七三、六一九	八五四、三四四	七三四、五九五
	張	五九二、一九五	七五二、三三三	一、九九八、五六六	一、九三九、五一七	八七四、六六一
肥皂及材料	兩	二、六八四、五一一	二、五五九、一七一	三、〇五四、九二七	三、三三九、四二六	三、一五四、六八六
碱	兩	一、一二七、八一〇	一、六〇四、一一三	一、六一三、四九三	三、一〇九、二二三	二、三〇八、六六九
	擔	四八八、二五五	六三一、六八七	三三一、八九一	八七九、四六三	七三七、五九五
醬油	兩	一八六、六三〇	二〇八、八六七	二一八、二五〇	二三一、九六七	三五〇、九二四
	擔	四〇、一七四	四八、一七二	四一、八五四	三九、二三六	四六、四〇五
火酒	兩	三五八、八六九	三六一、九五四	四四七、〇二五	五五六、八一三	四六〇、五三五
	加倫	七九六、五三三	八四三、八四一	九四〇、六五二	一、〇五八、六六七	七七四、八一六
漿粉	兩	一四、一八一	一三、一五一	二五、八一七	三四、〇五一	七一、一一〇
	擔	二、五二九	二、一六六	三、四四八	四、五一五	一三、二四六
文具	兩	一、二九一、一三五	一、一七六、五〇八	一、一六〇、〇九二	一、四三一、六六九	一、九二四、九一七
石料（雲石花石等）	兩	一七四、七五八	一五四、六三一	一四六、五一四	一五三、五三九	二一三、九一九
家用雜物	兩	三、八一四、三〇七	二、八五七、〇一一	一、九一六、二八二	三、六〇七、〇二五	三、二五一、九七七
火爐、壁爐	兩	三一一、一一二	一九九、三五九	八四、一〇一	一八一、七〇一	四〇八、一七三
赤糖	兩	九、二三六、八四四	七、六四三、〇四一	九、七二二、六九八	六、一〇四、六〇四	七、七七〇、六二四
	擔	二、二七七、五九三	一、八九四、八二二	二、三五八、七一九	一、三二九、〇九五	一、〇三三、九六三
白糖	兩	一〇、六三三、八五三	九、〇五六、一八二	一三、一〇一、〇六一	四、六九〇、六四八	九、六一一、八七七
	擔	一、九三三、〇六七	一、六六四、四六七	一、三五八、七一九	六四一、八七五	八九七、九七三

車白糖	兩	一四、五九二、五二三	三、八九〇、七八一	三五、三三〇、[illegible]	三二、二七〇、八八四	三〇、一五八、五三三
	擔	二、六三七、九〇七	二、五一六、七七一	四、三三五、三一三	二、九八一、二四二	一、八〇四、〇三三
冰糖	兩	一、八四三、二六〇	一、三七九、六〇九	二、七五四、〇九六	二、〇六六、八五五	一、五三七、九七八
	擔	二七三、一六一	一八九、九四三	三一四、〇三四	二三五、六七三	一三三、三三九
甘蔗	兩	一五七、〇三二	一四八、九六四	一七二、六三九	一八六、三三三	二六一、七三六
	擔	一五三、二五九	一四六、四七一	一五三、六四四	一七四、三四九	二五三、〇六六
硫黃	兩	七五、四七四	六八、五一八	一三三、〇〇〇	九五、五六一	一三八、〇三三
	擔	三〇、四七七	三六、〇六一	三八、四一六	三四、八七八	四三、六六九
礦鏹水	兩	六三、八一九	八〇、四五九			
	擔	二一、三六四	二六、五七六			
茶 印度、錫蘭	兩	三、九二九、三八三	二、七九八、四〇〇	二五一、八四三	七三二、四七二	三九、五二二
	擔	一四六、五五六	九五、六五六	一四、〇八三	三三、五四八	一、〇二四
茶 日本、台灣	兩	一一三、三三九	一〇五、六一四	二二七、八二五	一三三、〇五五	九九、七七二
	擔	一四、〇九一	一〇、二〇四	八、四九三	一三、〇五一	八、七七四
茶 爪哇	兩	七四二、二七四	一、〇四六、七二五	—	二九四、四九六	八〇
	兩	三三、五〇一	三九、七〇四	—	一九、五五七	一三
茶 他處	兩	五五一、二三六	二七八、七六八	五五〇、二四七	三三六、二六三	七三三、六五四
	擔	三〇、〇七六	二五、二七〇	二五、〇三八	一五、五一四	三五、七〇四
電報電話材料	兩	七一九、四五一	五七〇、五九三	四七三、八三七	九一四、一三五	一、八四四、一三一
假金銀線	兩	一三一、四八九	八二、二九八	七五、九三六	三五、六二三	二六、一〇六

	擔	六四八	四一五	一七三	一〇八	七四
	兩	一、〇七三、九六六	一、五一七、九四五	二、四五一、九六八	一、八七九、七一六	七五七、四六〇
重木材	立方尺	二、六六〇、六八二	三、五六五、四〇六	三、八六九、一二一	二、八七九、二二四	八六五、七二四
	兩				四八二、二六三	二、一四三、四六〇
	平方尺				一〇、〇二五、二四七	三八、〇五一、四三三
輕木材	兩	四、〇三七、五一一	四、八六五、九七一	三、五三三、八三三	四、八五六、七六四	九、一五〇、〇八八
	平方尺	一六四、八四七、六二三	二〇四、〇七五、八四五	一〇三、六八七、七三〇	一三三、三七六、四九九	二〇七、五九四、〇三〇
	兩	三九一、五四〇	二三六、〇二六	四〇二、八九二	九九九、八七四	一、四〇六、七六九
錫箔及他種箔	擔	五、二九五	三、六九二	一〇、一六九	三三、一二四	六二、二九五
	兩	三、五七二、五六〇	二、六九三、二六一	五、六一七、〇六九	五、三五〇、九九一	二、九二四、八五四
菸	擔	一六一、五八六	一一八、三五六	一八一、〇九一	一五九、八二四	二二七、三三三
	兩			三一、八六八	二四、八九七	一四、三七三
菸鋪雜物	兩	二五〇、〇九六	一七三、五二四	二三六、六四一	四三三、一九六	三六二、八四六
梳粧需品	兩	八九五、六五三	七四六、〇九九	六三三、七八六	六七〇、五八一	六四八、八二五
手工器具	兩	二七三、六七七	三二五、七八九	六一四、九〇八	八一〇、〇二四	一、〇八四、八五二
玩物及游戲品	兩	二九八、九二六	三一〇、〇八三	七二二、六五〇	五七七、六九五	五七六、三九七
提箱、衣箱	兩	三七、五四一	八〇、四三五	三三五、一三七	三三〇、二五〇	二六〇、八八〇
	兩	二三、二三七	二〇、二七八			
松節油	加侖	三四、三三八	二六、六七一			
歐美傘	兩	四八三、八七八	五〇二、六九	二三九、六四一	二〇七、三三六	一五八、六六五

	柄	七七六、三三二	八〇五、〇六〇	二六七、〇[illegible]	二五四、七六五	一九二、七八六
日本傘	兩	九七三、九二三	一、〇〇八、五二八	一、〇七七、八二六	九九〇、八八五	五二二、九四五
	柄	二、二六五、一一九	二、四四二、七七一	二、四三六、七九九	二、二二七、九一三	一、〇一八、〇四二
他種傘	兩			一七、五六二	九六、六二四	八五、四七六
	柄			二八、五四三	一八二、七〇五	一四八、〇八二
漆	兩	一九三、四四二	一六一、〇八九	八八、八八三	二三六、〇一〇	二六五、四九五
	擔	八、〇八六	七、三一九	四、一六三	七、三一一	一〇、一三四
乾菜蔬、鮮菜蔬	兩	三九〇、八五八	三八四、〇九一	三一一、七五七	二七〇、三八〇	四四四、九七六
	擔	九一、一四三	七八、九五五	九七、七八三	一〇五、七二九	一三三、二五五
車輛						
鐵路機車及煤水車	兩	七六八、六二八	二、五三〇、四九九	七一三、七六一	一〇、二九六、三四七	三、四三一、六八六
鐵路客車貨車（電車在內）	兩	一、一九三、八二三	二、二八八、七七四	二、〇〇一、七八一	四、八三三、二三四	四、七一五、三三四
馬路拖重機器車	兩	二、九九六	一〇、五五二	四〇七	四八、七〇一	三、六五九
汽車	兩	四八五、一八二	五九三、一〇三	一、二七二、九八一	二、一五八、九九八	三、四七七、二一九
腳踏汽車	兩	一三、九一七	三五、五八六	三二、九二三	七三、〇七八	九〇、二四七
腳踏車	兩	一二八、九五七	一四八、一五五	一三九、〇二六	一六八、六四四	三四一、四九七
他類車輛	兩	九五〇、九九五	六五一、四〇五	三六二、五三二	五三〇、四六九	一、五一三、四二六
汽水、泉水	兩	一九八、四八八	二四七、九九五	一六四、八〇五	二〇五、三六三	三三五、四一〇
酒類						
啤酒、黑啤酒	兩	七二四、一七七	八三四、八二六	一、一三四、二三六	九二八、九九一	一、〇一四、二八三

燒酒(除火酒)	兩	九九四、六四八	八六九、七二四	一、三四一、七八八	一、〇六四、四七一	一、五〇六、五三〇
酒(汽酒、紅白淡濃酒、葡萄酒等)	兩	一、三三二、三三六	一、二六五、二五七	一、四三〇、一〇四	二、〇一六、四三七	二、二九六、二七一
他種飲料(蘋菓酒、菓汁酒等)	兩	五三、六一九	六四、一八六	一〇六、三三四	二〇五、六九二	一六三、八六〇
油	兩	一、一六八、六一七	一、四一九、〇九二	一、二九八、二三四	一、二五八、七二四	二、一四四、八八七
蠟	擔	一五六、七三〇	一七五、七三三	一一〇、二〇一	一〇九、二七三	一五八、八一八
	兩	一一〇、九八四	八七、九七九	三三五、九一六	三七五、九三〇	三四〇、八三三
木酥(造紙原料)	擔	三六、六二六	二七、五八九	三七、二三九	七六、〇〇〇	八八、二五五
未列名各種木	兩	八一三、四〇二	八八一、〇七五	一、〇〇七、六六六	一、六二九、五〇六	一、八〇三、四八五
木器	兩	一三三、四七八	一一六、四二七	二二〇、一〇二	二六九、四七一	二六〇、〇八八
未列名雜貨	兩	九、九八四、九一九	八、五四〇、五〇一	三、七八四、七六一	四、六〇四、〇七三	六、六〇七、六〇〇
郵局包裹	兩	二、四一三、九六一	一、八五八、八五四	三、三四五、七六一	四、九九六、三九〇	四、六七〇、八五三
共計雜貨總數	兩	三〇五、九九九、〇五四	三〇九、二六八、五三二	三五五、一七六、九八八	三六九、三五七、七四四	四四〇、七一〇、三九四
應除復出口多於進口之數	兩	二八、二七九	一、九八一	一七四、九五八	二、五一二、九五四	三、四一四、八八八
共計雜貨淨數	兩	三〇五、九七〇、七七五	三〇九、二六六、五四一	三五五、〇〇二、〇三〇	三六六、八四四、七九〇	四三七、三五五、五〇六
共計進口淨數	兩	五七〇、一六二、五五七	五六九、二四一、三八三	五五四、八九三、〇八二	六四六、九九七、六八一	七六二、三五〇、二三〇

備考　表中貨物數量之單位打(Dozens)即十二羅(Gross)即一百四十四每碼(Yards)合華尺二尺五寸五三每吋(Inches)合華尺七分零九每磅(Pounds)合華秤十二兩每英兩(Ounces)合華秤七錢五每噸(Tons)合華秤一千六百八十斤每加倫(Gallons)合華升七升五(如煤油一木箱内容十加倫)

進口淨數係由進口總數中扣除其復往外洋之數而得但去年進口之貨物今年可以復往外洋致是年復往外洋之數多於進口總數例如民國九年關冊載進口五金及礦石類中他類礦砂一項進口總數爲五、三三七兩而復往外洋爲一二、〇八三兩較進口總數反多

六、七四六兩故統計進口貨價時應將此數除去。

第四章　通商各埠貿易概況

第一節　開埠通商之沿革

我國與中亞南洋交通。始於西漢。與歐洲交通。始於東漢。南齊時。波斯、獅子、婆羅門、交趾諸國商船。常至廣交二州貿易。有唐一代。遠自拂箖、大食、波斯。近至扶南、林邑。往來不絕。通商地點。則多在揚州、廣州、交州、合浦。宋時、南方諸國。通商於廣州泉州。東方諸國。通商於明州。北方諸國。通商於鎮易雄霸滄等州。降至有明。對外通商之範圍。益爲擴張。正德間。直接與西洋交通。寧波、泉州、爲東方諸國通商之地。澳門爲葡萄牙（正德十年）西班牙（萬曆八年）通商之地。和蘭（萬曆四十二年）英吉利、法蘭西。（萬曆四十三年）則於廣州貿易。北方諸國。則於大同、宣化、山西、延綏、甯夏、甘肅、各邊市埸。清初陸路通商。始於康熙二十八年。與俄國結尼布楚條約。許每年派商隊二百人至北京交易一次。限八十日退出。雍正七年。恰克圖條約。又開放恰克圖、尼布楚、色倫加。北京商隊人數。增至三百。並准免稅。至海路通商。則有粵（廣東澳門）閩（福建漳州）浙（浙江甯波）江（江蘇鎮江）四海關。設吏征稅。當時國力充實。海禁猶嚴。道光二十二年。鴉片戰敗。中英南京條約。割香港。開上海、寧波、福州、廈門、廣州五口。海禁遂開。自是而後。對外每一失敗。輒與締結商約。開放商埠。咸豐元年。中俄伊塔通商條約。允開伊犂、塔爾巴哈台兩處。設領事館。咸豐八年。中俄愛琿條約。開放黑龍、松花、烏蘇里三江。天津條約。許俄人於北京。恰克圖間。設立郵遞。是年英法聯軍之役。中英締結天津條約。開牛莊、烟台、台灣、鎮江、九江、漢口、汕頭、瓊州八口。割九龍。並許英商在天津僑居交易。是役也。以俄使伊格那提夫 (Ignatief) 斡旋有功。割讓烏蘇里河、與凱湖、白稜河、瑚布圖河、琿春河、圖們江以東九十餘萬方里之地於俄。開放喀什噶爾。幷允設領事。咸豐九年。中俄陸路通商章程。開放庫倫、張家口。同治元年。開放蒙古各盟。光緒二年。中英雲南交涉。締結煙台條約。開放重慶、宜昌、蕪湖、溫州、北海、五口。許於長江沿岸大通、安慶、湖口、武穴、陸溪口等處。上下客貨。並允英使通過西藏。光緒五年。俄國退還伊犂條約。開放烏魯木齊（迪化）吐魯番、故城、（奇台）哈密、天山南北諸城。及蒙古之烏里雅蘇台、科布多。甘肅之肅州、嘉峪關。並設領事館於嘉峪關及吐魯番。光緒十二年。中英緬甸條約。許西藏通商。先是西藏雖以烟台條約許英使通過。尚未通商。至是始開貿易之端。光緒十三年。開放拱北、九龍。十四年、中法天津條約。開放雲南府、蒙自、蠻耗及桂林、龍州。十六年、哲孟雄條約。安定印藏商約。十九年、印藏條約續議三款。開放亞東。二十年、中英滇緬通商條約。許設領事於蠻允。英人遂由蠻允、盞西二路通商於雲南。二十一年、中日馬關和約。開放沙市、蘇州、杭州。許外人在內地設工廠是年依法國之請。開放河口。以代蠻耗。並添闢思茅一口。蓋自甲午戰敗。各國乘機要求。德租膠澳。俄租旅大。英租海威衛。法租廣州灣。又各爲某地不割讓他國之約定。瓜分之說。喧傳一世。開闢商埠之要求。幾於應接不暇。光緒二十三年。依英國之請。開放騰越。以代蠻允。添闢梧州、三水兩口。並許於江門、甘竹、肇慶、德慶等處。上下客貨。於江陰、儀徵、黃石港、黃州。上下搭客。二十八年中英修改商約。開放安慶、長沙、萬縣、惠州、江門。並許於廣東之白土口、羅定口、都成。上下客貨。於容奇、馬寧、九江、古勞、永安、後瀝、祿步、悅城、陸都、封川。(以上皆廣東地)上下搭客。明年、中美修改商約。開放安東、奉天。中日修改商約。又添闢大東溝一口。三十年、開放江孜、噶大克。三十一年、中日東三省善後條約。開放鳳凰城、遼陽、新民屯、鐵嶺、通江子、法庫門、長春。(卽寬城子)吉林省城、哈爾濱、寧古塔、琿春、三姓、綏芬河、齊齊哈爾、海拉爾、愛琿、滿洲里等十七處。宣統元年、中日圖們江界約。開放龍井村、局子街、頭道溝、百草溝。抑自甲午戰敗。我國鑒於世界大勢。往往亦自行開放商埠。光緒二十二年、開放吳淞。二十三年、開放江寧。二十四年、開放秦王島、岳州、三都澳、南寧。二十六年、開放武昌。二十八年、開放鼓浪嶼。三十年開放濟南、濰縣、周村、長沙。三十一年、開放鄭州、海州、常德、湘潭。三十四年、開放洛陽、彰德、公益埠、香洲、葫蘆島。(以上均係奏准開放者)民國元年。開放浦口。三年。開放赤峯、多倫、歸綏、龍口、洮南。

綜計全國商埠。以條約開放與自行開放者。共百有餘所。茲依地理上之位置。區爲東三省、北部各省、中部各省、南部各省、及西北陸路通商各埠。分述於後。

第一節　東三省商埠

東三省商埠、凡二十八。屬於奉省者十三。大連、營口、安東、大東溝、奉天、遼陽、鳳凰城、新民屯、鐵嶺、通江子、法庫門、葫蘆島、洮南是也。屬於吉省者十一。綏芬河、哈爾濱、琿春、龍井村、長春、三姓、吉林、寧古塔、局子街、頭道溝、百草溝是也。屬於黑省者四。滿洲里、海拉爾、愛琿、齊齊哈爾是也。

大連　在金州半島南。俄人昔以三千萬盧布。築成此港。廣袤四十三萬方薩仁。(Sagene)干潮時水深二十八呎。有埠頭三。最大者長二千八百呎。寬七百呎。棧下水深二十六呎。接連南滿鐵路。起重機、關棧、船渠、防波堤等。無所不備。進口貨向以布、棉紗爲大宗。麵粉、米、蔴包、次之。然布紗兩項。自安東實行減免進口稅三分之一以來。進口已大不如前。出口貨。豆及豆餅爲大宗。豆油、煤、雜糧、野蠶絲、次之。野蠶絲、多半運往山東。直接運往外洋者尚少。

營口　在遼河左岸。光緒三十二年以前。爲東三省通商第一大埠。自大連開放以後。遼河流域出口貨物。多舍營口而至大連。進口洋貨。亦由南滿鐵路遝運內地行銷。營口商務。大受打擊。其故、由於遼河年久失修。運道阻塞。距今百七十年前。大民船常通至鐵嶺。今則僅可至營口。（遼河上游冷家口三叉河之間．深不過二呎。其支流雙台子河以下、寬至百五十呎、遼河之水、大半流入雙台子河、失其故道、故營口以下、日漸湮沒、遼河原挾渾河太子河南流至營口入海、現在由河口至營口十三浬、可通大民船及吃水十八呎以下之輪船、由營口至三叉河、最淺處亦七八呎、可行小輪、由三叉河至大灣、深者達三十呎、而淺處往往僅二三呎、非民船不能行、大灣以上、水益淺、平均二呎內外、小船可行至通江子、通江子以上、水益淺、小船亦不能行矣、渾河由三叉河、合於遼河、由三叉河至小北河、可行吃水二三呎之民船、由小北河至長灘、吃水呎餘之小船、僅可通行、長灘以上至埃金鋪、惟漲大水時、可行民船、太子河至小北河、合於渾河、由小北河至釁林子、可行吃水一呎半之小民船）營口每值冬令。必為冰凍封港兩月。較諸終年不凍之大連。固已遜色孔多。加以辛亥大革命後。過鑪銀市價跌落。迄未恢復原狀。進出貿易愈形減退。進口貨布疋、棉紗、糖、五色染料、煤油為大宗。出口貨。豆餅、豆、豆油、野蠶絲、雜糧、煤為大宗。

安東　在鴨綠江右岸。為輪船航路之終點。（安東距鴨綠江口三十七浬、滿潮時、可通五百噸以下之輪船、若五六噸小輪船、更可航至距江口一百二十浬之外察溝門子、民船更可上溯至帽兒山）安奉鐵路及朝鮮鐵路。接通於此。對岸為朝鮮之新義州。有鐵橋。數分鐘可達。中韓交通之衝也。最初貿易。並不興旺。自民國二年六月。中日締約。減免國境通過稅三分之一。朝鮮鐵路。又實行減輕運費。安東商務。頓形發達。出口貨。豆、豆餅、豆油、野蠶絲、繭、木材、蔴袋為大宗。進口貨。布疋、雜貨為大宗。

大東溝　在鴨綠江右岸。安東下游。水陸兩路。均一日可到。鴨綠江流域所產木材。向皆集合於此。民船往來。達二千以上。顧以潮汐之干滿。為差絕鉅。船隻出入。極感不便。木材貿易。漸為安東所奪。進口貨。布、棉紗、雜貨為大宗。多半由煙台、上海、朝鮮等處經安東而轉往者。出口貨。以木材。麥、豆、人參、為大宗。

奉天在渾河北岸。適當京奉、安奉、南滿諸路之交點。運輸便利。西南至長灘九十里。更可吸收渾河及遼河流域之貿易。出口貨。麵粉、豆、豆餅、豆油、五穀、菓實蔬菜及其他雜貨為大宗。進口貨。布疋、棉紗、煤油、糖、蔴袋、紙烟、五金、雜貨為大宗。遼陽當奉天東北各縣通營口之要路。附近平野產雜糧。山地產木材。貿易頗盛。通江子（卽康平縣同江口）當遼河航路之終點。民船於此裝運糧食。往來於營口之間。奉省北部物產（如豆類）集合於此。鐵嶺在通江子南。遼河左岸五里。於馬峯溝吸收遼河之貿易。附近多產高粱、豆、雜糧。城內釀酒榨油兩業。尤極發達。新民屯在鐵嶺西南。遼河右岸二十五里。於馬場吸收遼河之貿易。京奉鐵路經過於此。附近多產五穀、家畜。法庫門為邊牆十一門中最盛之地。乃東蒙古通奉天北京唯一之要道。牛馬驢騾。來自蒙古。毛皮、烟草、砂金、乾魚。來自齊齊哈爾。而輸入蒙古之洋貨。亦以此爲中樞。人口二萬。鳳凰城當奉天通朝鮮義州陸路之要衝。昔時貿易極盛。自安奉鐵路通車後。中韓貿易移於安東。鳳城遂衰。洮南（土名雙流鎮）在洮兒河南岸。洮熱、四洮兩線。交會於此。將來鐵路告成。貿易可望發達。葫蘆島在錦縣西南。商埠正在建築中。

綏芬河　屬吉省東寧縣。居綏芬河上游。占東清鐵路極南端。距俄境僅十里。對於海參崴方面。當中俄交通貿易之衝。出口貨。豆類爲大宗。雜糧、肉、麵粉、牲畜次之。東三省北部豆產。大半由此運往海參崴。（民國元年出口豆類、計值一千萬兩、約占本埠出口貨價總數六成三分強、占東三省北部豆產出口總數九成九分、）進口貨。煤油、蔴袋、鐵器、果實、蔬菜、雜貨爲最多。盡由海參崴運來。其中各國貨物皆有。不盡屬俄貨。

哈爾濱　當松花江之中流。東清鐵路。交會於此。居民五萬。俄人築街市。設政廳。以爲軍事上經濟上之根據地。進口貨。魚類、（由俄屬阿穆爾省運來）紙烟、雜貨爲大宗。出口貨。黃豆、牲畜、麪粉、麥、雞蛋、燒酒、輕木板爲大宗。上海廠製粗斜紋布。經哈爾濱運往阿穆爾省者、亦不少。最初出口貿易。頗爲興旺。蓋因中俄陸路通商章程。有國境百里以內免稅辦法。出口大宗麪粉、牲畜、五穀、植物油、茶等貨。由輪船運往俄屬哈巴羅甫斯克及布拉郭威臣斯克（卽海蘭泡）向不徵稅。自民國二年。取消免稅章程以後。出口頓減。（民國二年、運往該處貨價、較之元年、減少三百六十餘萬兩、貨數由十五萬八千噸、減至十三萬六千四百五噸、其明徵也、）向由哈爾濱出口之茶。則逕由漢口運海參崴。轉往阿穆爾。而內地貨物。向運哈爾濱、由水路轉運阿穆爾者。則亦逕由烏蘇里鐵路運往。哈埠過境貿易。遂漸減少。（計濱江關所轄各埠進口貿易、滿洲里最多、綏芬河次之、哈爾濱最少、出口貿易、綏芬河最多、哈爾濱次之、滿洲里最少、

琿春　在圖們江左岸。琿春江右岸。東接俄屬海參崴、波雪特。南通韓屬元山、慶原、會寧。出口貨。荳餅、荳油、雜糧、牲畜、家禽、野味、蔬菜之屬。多運銷俄國。粟米、黃豆。多運往日韓。進口貨。布疋、煤油、火柴、雜貨最多。布疋多來自日本、美、英、俄各國次之。煤油多來自俄美兩國。火柴初係俄貨居多。今則多屬日貨。各項雜貨。亦爲日本所獨占。

龍井村　在延吉縣南四十五里。（舊名六道溝）距吉林省城九百六十里。距韓屬清津海口二百五十五里。（清津海口、在朝鮮北岸、輪船三日可到日本、距會甯一百八十里、有清會鐵路、民國六年通車、現在日政府擬闢爲商埠、據宣統元年中日圖們江界約、吉長鐵路、將延長至韓邊、可與清津海口相聯絡、）出口貨。荳類、荳油、荳餅、五穀、（大麥、蕎麥、高粱、玉蜀黍、小麥、小米、）牲畜、粉絲爲大宗。進口貨。布疋、煤油、糖、紙烟、食物、（牛乳、魚、醬油、海帶、鮮菓、日本酒、）雜貨最多。概爲日本貨。由清津海口經會甯轉運而來。

局子街 即延吉縣治。附近多產粟、豆、高粱、麥、玉蜀黍、燒酒、豆油、粉絲等製造。尤極繁盛。金、銅、煤等礦遍於全境。土山子、蜂蜜溝、三道溝等處。(在縣治西百二十里)產金最旺。天寶山、銀銅各礦俱佳。由韓屬會甯至天寶山。築有輕便鐵路。爲礦山運輸之用(民國七年通車)。頭道溝(在延吉縣西距龍井村四十五里)百草溝(即汪清縣)及龍井村局子街。俱依圖們江界約。闢爲韓僑自由居住之地。氣候順適。土地肥沃。無待灌溉。韓僑來此從事耕種。始於光緒二十一年。現在人數竟多於華人。日僑來此者亦衆。

三姓 爲松花江下游最大商埠(舊名依蘭哈拉)牡丹江與松花江合流於此。山地多。人口少。農業不振。附近多產砂金、毛皮。由三姓至俄屬尼哥勒斯克。可通輪船。出口貨豆、麥、雞、鴨、雞蛋爲大宗。進口貨鹹魚、煤油、雜貨爲大宗。近因拉哈蘇蘇漸見發達。三姓貿易頗受影響。

長春(即寬城子)在伊通河左岸。東清南滿兩路。接連於此。又爲吉長鐵路之起點。吉黑貨物皆從此地爲集散。附近地土平沃。爲東三省五穀第一產地。居民七萬。其中有三分之二從事商業。商業機關之完備。在東省各埠中。除營口大連外。無可與比者。甯古塔(即甯安縣治)在牡丹江左岸北行四十二里。有東清鐵路黑林車站。南控琿春。西接吉林。東通海參崴。土地肥沃。戶口殷繁。五穀出口甚多。惟鐵路不經過縣治。商業繁盛之區。皆在黑林。吉林濱 松花江左岸。(松花江至伯都訥北。會嫩江。折東北行。經拉哈蘇蘇。合於黑龍江。由江口至三姓。可通吃水四呎之輪船。由三姓至嫩江合流處。可行吃水三呎之輪船。由此以上至吉林。可通吃水二呎之輪船。吉林以上。方不通行。又嫩江自合流處至黑省昂昂溪。可行吃水二呎以上之輪船。昂昂溪以上百餘里。仍通民船。)土地肥饒。產五穀、烟草、麻、靛、人參、牲畜、木材。出口貨豆油、烟葉、蔴、藥材、木料爲大宗。進口貨。布疋、棉紗、煤油、麵粉、鹽、糖、茶爲大宗。

滿洲里 屬黑省臚濱縣。爲東清鐵路入境第一站。故商務最盛。進口貨盡由俄國運來。棉布、衣物、靴、紙烟、菸葉、火酒、奶油、奶酥、煤、雜貨爲大宗。棉布中。印花布最多。剪絨類次之。出口貨五穀、麵粉、毛、皮、肉爲大宗。

愛琿 東臨黑龍江岸。黑河屯(一曰大河屯)在其北。與俄屬海蘭泡相對。最初貿易極盛。自庚子之役。全市爲俄兵所蹂躪。中俄交通貿易。改道由東清鐵路與松花江。愛琿貿易遂衰。出口貨柴薪、牲畜、雞蛋、雞、鴨、魚類爲大宗。進口貨棉布、呢絨、煤油、火酒、皮靴爲大宗。棉布初係俄貨居多。今多來自日本。煤油多來自美國。

海拉爾(即呼倫縣治)在海拉爾河南。伊敏河西。東清鐵路經過於此。俄人築街市。獎勵通商。其貿易額。時或凌駕滿洲里而上之。地當滿蒙交通之衝。東北有壽甯寺(俗呼趕集廟)每屆八月開廟。南自張家口。西迄恰克圖。數千里內蒙人。奔走朝禮。衆至五萬餘人。故海拉爾貿易亦以八月爲最盛。齊齊哈爾（土名卜奎）在嫩江左岸。南距東清鐵路昂昂溪車站四十里。北通愛琿。每歲秋冬之際貿易最盛。出口貨多雜糧、獸皮、乾魚、鹿角、豆油、燒酒。

東三省各埠對外貿易最盛者。首推大連。安東、哈爾賓、綏芬河、滿洲里次之。營口、琿春、龍井村，三姓、愛琿、大東溝又次之。最可注意者。內地各埠。大抵進口常超過出口。而東三省。則出口常超過進口。民國元二兩年。因豆收歉薄。出口超過無幾。而在宣統三年。實超過一千三百九十萬兩。歐戰期內。超過尤鉅。（惟俄亂以後較爲減少）此無他。東三省農產豐富。大豆出口尤旺故也。民國元年。東三省出口豆類、豆油、豆餅。共值五千三十萬兩。（運往內地各口在內）實占出口貨價總數六成一分。

第三節　北部各省商埠

北部著名商埠凡五。秦皇島、天津、龍口、膠州灣（青島）是也。

秦皇島　在臨榆縣南四十里。三面環海。外築長堤。藉資椗泊。灣內水深。自北戴河至秦皇島。隆冬不凍。每年白河凍後。天津貿易。多移於此。又與京奉鐵路相連接。最初係開平煤炭公司於此築港。運輸煤炭出洋。光緒二十五年、闢爲商埠。然其貿易區域。限於山海關、錦州附近及朝陽赤峯一帶。範圍極狹。且貨物由鐵路運至錦州。再由陸路轉赴朝陽赤峯。運費過高。貨價因而加昂。若不另闢直達之途徑。本埠貿易直無發展之望。進口貨。紙烟、糖、麵粉、煤油、棉紗、棉布、五金、色敏土、機器、木料、礦木爲大宗。出口貨。煤爲大宗。花生、芝蔴、狗皮褥、缸磚、缸瓦次之。

天津　在運河與白河會合點之南。占京奉鐵路之中樞。又爲津浦鐵路之起點。綰轂水陸。交通便利。（小輪船溯北運河而上、可至通州、順南運河而下、可至德州、北河合運河子牙河永定河經天津入海、河口寬六百六十呎、深十三呎乃至十八呎、溯河口上至天津商埠六十里、寬一百七十呎、深十二呎、光緒二十六年、修濬白河、使水深在十三呎以上、天津附近河身、擴爲三百五十二呎、三十一年、更浚灤大沽附近、使水深常保十三呎以上、吃水十一呎之輪船、可航至天津、民國四年、又添設破冰船、雖嚴冬之際、船亦可行、）　貿易區域。北控直隸全省及內外蒙古。西連山西、陝西、甘肅、新疆。南至河南山東之北部。範圍之廣。除上海外。無可與比者。故對外貿易。最爲發達。民國九年、逕行往來外洋貿易（卽直接貿易）貨價。達八千八百十萬兩。進口貨。布疋、棉紗最多。煤油、糖、紙烟、麵粉、海味、鐵路材料次之。出口貨。棉花最多。骨、牲畜、羊毛、駱駝毛、羊皮、雞蛋、花生、燒酒次之。大沽在白河口。天津進出貨物。多於此卸載。塘沽在白河左岸。距河口五浬。陸路距天津三十哩。藉京奉鐵路與天津相聯絡。爲水陸兩運接續點。此兩埠、皆天津之外港也。

烟台　在山東福山縣北。灣廣水深。終年不凍。航行海參崴、仁川及出入渤海船隻。必於此椗泊。卸載貨物。惟其地僻在一隅。背面山岳蜿蜒。交通不便。最初貿易雖盛。今則沿海貿易漸爲大連所奪。內地貿易又移往青島。貨物集散區域。至爲狹隘。勢力曾不及於益都以西。民國二年、洋貨進口八百九十萬兩。較光緒二十九年之一千七百四十一萬兩。竟減半數。民國八年。更減爲六百二十一萬兩。今後若不趕辦烟濰鐵路。以利交通。恐永無挽回衰運之日矣。出口貨野蠶絲、繭綢、草帽緶、桐油、豆類、花生、牛粉紗爲大宗。進口貨布疋、棉紗、煤油、麪粉、紙烟、火柴、煤、糖、針、高麗參、海菜、紙爲大宗。

龍口　在黃縣西。（距烟台六十浬。距天津營口各約二百浬、距大連百二十浬、）港口半島突出。可避風波。背面平原沃野。人口繁衍。地利優於烟台。沿海附近。魚類極繁。山東苦力。向東三省及西伯利亞謀生者。多於此附船前往。（向來每年夏季、必有五萬乃至十萬之苦力。往東三省、冬季再歸山東、往來皆由烟台青島、自龍口開放後、日本輪船、特爲闢一航線、由大連至龍口、攬載此項旅客、艙費格外從廉、故現在苦力往來、多由龍口、）故雖開港日新。貿易極其發達。進口貨以日本棉貨爲大宗。煤油、火柴次之。出口貨繭綢、粉絲、鮮菓爲大宗。

膠州灣（青島）　青島乃德人所苦心經營。築有大小二港。小港面積五十公引。（Hectometer）水深十八呎。以椗泊民船。大港面積百三公引。水深十米突。以椗泊輪船。埠頭、起重機、關棧。一切俱備。膠濟鐵路。由此直達濟南。與津浦路相聯絡。運輸便利。貿易最盛。出口貨花生、草帽緶爲大宗。棉花、花生油、豆、芝蔴、黑棗、栗子、雞蛋、核桃、杏仁、牛皮、山羊皮、狗皮、煤、鹽、牲畜次之。進口貨棉布、棉紗、煤油、糖、火柴爲大宗。蔴袋、染料、棉氈、手巾、雜貨次之。

（案青島貿易之發達、全屬鐵路之效力、膠濟鐵路、成於光緒三十年、光緒二十九年、青島洋貨進口淨數八百四十五萬兩、土貨出口淨數二十三萬四千兩、至民國二年、則洋貨進口二千六百二十一萬兩、土貨出口一千二百四萬兩、蓋由膠濟鐵路成立後、津浦鐵路相繼告成、青島貿易之範圍、得擴張至蘇皖豫直諸省、然而當時德人、猶以爲未足、謂青島貿易不逮天津遠甚、良由膠濟鐵路僅以濟南爲終點、不若天津之有京奉津浦京漢京綏四鐵路、可以聯絡北方數省、故於歐戰未起時、向我國要求濟順高徐兩路建築權、日本經營青島、仍遵此計畫、所謂濟順鐵路、即由濟南至順德、以聯京漢鐵路、此路若成、可以吸收直隸山西之貨物、而高徐鐵路、則由高密達徐州、以聯海蘭鐵路、此路若成、陝甘河南諸省貨物、運至島青、較至海蘭線終點之海州、程途較近、可以完全吸收矣、）

濰縣　當膠濟鐵路之衝。青島烟台進口洋貨及內地土貨。皆經過於此。濟南爲津浦膠濟兩路接續地點。日僑甚多。山東內地商務。首推濟南濰縣次之。周村又次之。

總計北方各埠貿易額最多者。爲天津青島兩處。烟台已漸就衰減。向來北部各埠之貿易。與上海關係最深。其進出口貨物多經過上海。而以青島烟台爲尤甚。試觀民國二年洋貨進口淨數。烟台八百九十萬兩。青島二千六百二十一萬兩。其中由外洋直接運入者。烟台五百二十一萬兩。僅占五成三分弱。青島一千五百四十七萬兩。僅占五成九分強。其餘概由上海轉運而來。天津亦然。是年洋貨進口淨數七千九十萬兩。其中一千九百五十五萬兩。（即百分之二十七）係由他口轉運而來。而上海運來者。尤占多數。

第四節　中部各省商埠

中部各省商埠。貿易貨價最多者、爲上海。漢口次之。鎮江、九江、長沙、蕪湖、重慶、甯波、南京又次之。

上海　距黃浦江入海處十二浬。距揚子江入海處六十浬。交通便利。（黃浦江寬二千尺、上海上下十餘里、可行大輪船、現在改修黃浦江、將來工事告竣、遠洋航海輪船、可自由出入上海、不必在吳淞椗泊矣、）外洋各國與我國交通。皆關有上海航路。我國沿海及長江航路。皆以上海爲總匯。又爲滬甯、滬杭兩路之起點。貿易區域。南起福建。北盡北部各省。西連中部各省。全國第一大埠也。總計中部各省商埠、直接往來外洋貿易貨價。約占全國貿易總數半數以上。而上海實爲其總匯。例如民國二年、中部各省商埠逕運進口之洋貨。共計二億九千三百六十六萬兩。其中上海占二億四千四百四十五萬兩。而上海進口淨數。僅九千八百五十七萬兩。其餘六成六分有奇。盡轉運長江流域及北部各省行銷。故長江流域及北部各省商埠洋貨逕運進口數。皆較進口淨數爲少。出口貨亦然。長江流域之物產。十九經由上海出口。北部各省物產。亦經由上海出口者居多。民國八年由北洋及長江各口運入上海之土貨。共計二億六千四百七十六萬兩。其中、轉運出洋者一億五千九百七十一萬兩。轉運他口者五千一百六十三萬兩。故上海一埠。實爲我國貿易之中心。觀上海貿易之消長。即足卜我國貿易之盛衰。則其地位之重要可知矣。出口貨。絲、茶、棉花爲大宗。麵粉、豆米、蔴、烟草、靛、羊皮、羊毛、植物油、雜貨次之。進口貨。不可勝數。大抵棉貨、絨棉貨、煤油、糖、煤、五金、雜貨爲大宗。海味、紙烟、機器、棉紗、木材、漆器、火柴等次之。吳淞當黃浦江與揚子江合流處。有鐵路連接上海。遠洋航海船不能進抵上海時。概椗泊於此。吳淞商埠。正在建築中。

漢口　居漢水與揚子江合流處。上通四川。下連上海。（漢口距揚子江口六百里、夏期漲水時、可行吃水二十二呎之輪船、冬令水淺、亦可行十二呎之輪船、由漢口至宜昌四百里、漲水時可行吃水十六七呎之輪船、水淺時可行五六呎之輪船、由宜昌至萬縣二百里、水路極險、可行小輪船、由萬縣至敍州五百里、水淺時仍可行吃水三呎六寸之小輪、敍州以上、水狹流急、輪船流行、民船可上溯一百里、）溯漢水而上、可達陝豫二省。湘贛皖蘇。又有輪船聯絡。京漢鐵路。橫越海蘭鐵路。直達北京。與京奉京綏兩路聯絡。將來粵漢鐵路告成。直接交通廣州香港。則漢口一埠實占全國交通之中心。現時貿易區域。包括鄂、湘、豫、晉、陝、甘、川、雲、貴、贛十省。貿易貨價之鉅。爲長江各口所不及。出口貨。茶、芝蔴、爲大宗。皮革、棉花、桐油、豆餅、烟草、桕油、苧蔴、絲、藥材、漆、生鐵、猪鬃、麵粉次之。進口貨。布疋、棉紗、雜貨爲大宗。糖、煤油、染料、五金、（銅最多）火柴（銅及火柴盡係日本貨）茶末、蔴袋次之。

鎮江　當揚子江與運河會合之衝。（距揚子江口二百浬、遠洋航海船、可以自由出入、運河南至杭州二百七十二浬、北至清江浦一百四十四浬、可通小輪、民船更可上下航行七百浬之遠、）又爲滬寧鐵路經過之地。昔時魯、豫、皖、浙諸省貨物。輻輳於此。貿易極盛。近因運河淤塞。航行不便。沿途厘卡。復徵收煩累。貿易通路。漸生變更。豫省貨物。改由京漢鐵路運赴漢口。淮北貨物。改由津浦鐵路。北趨青島。南運浦口。江北一帶物產。亦由海州裝民船、逕運上海。向由裏下河運往鎮江之米穀。自民國二年起。大半改由仙女廟、運往海州。而洋貨亦多變更行程。不復經由鎮江。例如火柴一項。向由鎮江運銷揚州以東達海岸地方者。今則逕由上海裝民船運往。向由鎮江運銷徐州、淮安一帶者。今則由青島運往。以故鎮江進口火柴。自宣統三年起。漸形減少。大抵鎮江貿易。自光緒三十二年以後。直有江河日下之勢。試郎洋貨進口淨數觀之。由光緒三十二年之二千萬兩。減爲光緒三十四年之一千七百萬兩、宣統二年之一千二百萬兩、民國二年之九百萬兩、民國四年之七百萬兩。雖屆民國八年增爲一千一百萬兩。民國九年增爲一千五百萬兩。然以比光緒二十九年之二千一百萬兩。則僅及其半數矣。出口貨。米、豆餅、豆、麥、麪粉、鮮蛋、白絲、綢緞、花生、芝蔴、花生油、芝蔴油。瓜子最多。進口貨。布疋、棉紗、煤油、煤、海味爲大宗。

九江　外濱大江。內通腹地。小輪船可往來南昌鄱陽湖等處。又有南潯鐵路。可資運輸。本口與福州漢口。爲我國茶葉三大市場。景德鎮磁器。由此出口。苧蔴、夏布、紙、豆、棉花、皮革、烟草。亦爲出口大宗。進口貨。布疋、棉紗、煤油、火柴、雜貨爲大宗。

長沙　對外貿易。多經由漢口。故其直接貿易甚微。然洋貨進口淨數。逐年增加。民國二年、達一千二百萬兩。較光緒三十四年之四百萬兩。約增三倍。後雖以時局不寧。頗形減退。然民國八九兩年。仍達一千一百萬兩。出口貨。礦砂、五金、米、豆、茶、猪鬃、鮮蛋、羽毛、蔴、牛皮、五棓子、茶油、桐油、菜子、芝蔴、桕油、生漆、木材、煤最多。進口貨。布疋、銅、製成錠、煤油、紙、機器、糖、紙烟、海味最多。

岳州　對外貿易。亦經由漢口。直接往來者極少。進口貨。布疋、棉紗、煤油、蔴袋、紙烟爲大宗。出口貨。銻、鉛砂、錳砂、煤、米、五棓子、蠶豆、雄黃、土布、蔴、牛皮、蓮子、生漆、桐油、爆竹、碎棉花最多。

重慶　乃四川全省貨物之集散場。出口貨絲爲大宗。綢緞、藥材、牛皮、猪鬃、羽毛、五棓子、黨蔘、山羊皮、火蔴、烟葉、白蠟、黃蠟、薑黃、綿羊毛、白木耳次之。進口貨布疋、棉紗、煤油、紙烟、五金爲大宗。

萬縣　萬縣雖開港日淺。進出貿易頗有蒸蒸日上之勢。惟連年亂事不已。不免影響貿易。出口貨桐油爲大宗。絲、山羊皮、牛油、漆蠟、鹹菜、藥材、牛皮、菜子次之。進口貨棉紗、煤油、車白糖爲大宗。

宜昌　爲長江輪船航路之終點。四川進出口貨物。或用淺水輪船。或用民船。皆以此爲交換裝載之地。出口貨棉花、牛羊皮、麥、漆油、生漆、五棓子、菸葉、藥材、絲爲大宗。進口貨棉紗、棉布、染料、煤油、白糖、紙烟爲大宗。

沙市　附近土地肥沃。人口繁衍。氣候溫和。物產甚富。又兼水道四通八達。轉運利便。故貿易頗盛。出口貨棉花、絲、柏油、荳、芝蔴、麥、菜子、菜子餅、牛羊皮、藥材、漆油、白蠟爲大宗。進口貨棉紗、棉布、糖、靛、五色染料、煤油爲大宗。

蕪湖　蕪湖與長沙爲稻米輸出之兩大口岸。民國七年。由蕪湖運往內地各口者。三百十九萬擔。民國八年增爲八百八十八萬擔。安徽全省對外貿易。唯此一口。故商務極其發達。出口貨除米而外。麥、豆、絲、鐵礦砂、茶、棉花、火蔴、雞鴨等毛。皆爲大宗。進口貨棉布爲大宗。棉紗、糖、煤油、紙烟、蔴袋次之。

南京　昔時貿易。並不發達。自滬寧、津浦兩路開通後。進出貿易。逐年增加。宣統三年。土貨出口總數。二百九十七萬兩。洋貨進口淨數。三百九十五萬兩。民國二年出口增爲五百八十一萬兩。進口增爲六百四十三萬兩。民國九年出口、二千五百萬兩。較宣三增加十倍。進口二千一百萬兩。較宣三增加七倍。更即運出洋土貨觀之。宣統元年僅九百六兩。民國三年遽增爲一百五萬五千兩。民國九年更增爲六百六十四萬八千兩。則鐵路之效。於此可知已。出口貨絲、綢緞、荳、芝蔴、牛皮、山羊皮、各種扇、花土布、牛油爲大宗。進口貨布疋、棉紗、針、糖、肥皂、煤油、火柴、煤、紙烟、五金、雜貨爲大宗。

蘇州　河道縱橫。滬甯鐵道。交通極便。惟密邇上海鎮江。故貿易區域。但限於附近地方。出口貨絲、菜子、米爲大宗。綢緞、繡貨、玉器、紅木器次之。進口貨布疋爲大宗。煤油、糖、染料、雜貨次之。

杭州　扼錢塘江之咽喉。北由運河可通鎮江。南由錢塘江可達於海。滬杭鐵路。直達上海。物產豐饒。出口貨茶、絲、綢緞爲大宗。菜子、棉花、烟葉次之進口貨。煤油、白糖、紙烟、肥皂、織機、染料、海味最多。

寧波　即鄞縣。當姚江、奉化江會流之點。昔時貿易最盛。自上海開港後。頓形衰微。貿易區域。以錢塘江以南爲主。極形狹小。土貨遲運出洋者亦少。進口貨布疋、錫鉛、(錫鉛來自香港、由甯波轉運紹興、爲製紙錫箔之用)麪粉、煤油、煤、糖、紙烟、火柴爲大宗。出口貨棉花、茶、豆爲大宗。草帽、棉紗、草蓆、錫箔、墨魚次之。

溫州　即永嘉縣。在甌江右岸。距海口二十浬。吃水十二呎以下之輪船。可以航至溫州。由此而上。水甚淺。吃水五呎之船。可通至處州。(即麗水縣) 過此則非民船不行。附近多山。交通不便。故貿易區域。極形狹小。出口貨茶爲大宗。鮮蛋、白礬、柑、牛皮、猪油、桕油、靑田石、烟葉、木板、藥材次之。進口貨布疋、染料、栲皮、火柴、海味、煤油、糖、洋傘最多。

第五節　南部各省商埠

南部各埠對外貿易。多經由香港。貿易貨價最多者。爲廣州、九龍、汕頭、廈門、拱北、福州、梧州、蒙自、騰越次之。三都澳、三水、江門、北海、瓊州、龍州、南甯、思茅、又次之。

廣州　綰東西北三江要樞。自古爲通商重要市場。距香港九十四浬。二千噸以下之輪船。可直抵廣州。貿易區域。由兩廣雲貴跨及湖南江西。貿易之盛。侔於漢口。出口貨。藥材、絲、棉布、糖、烟草、蓆、地蓆、爆竹、水菓、茶、色敏土爲大宗。進口貨。布疋、五金、煤油、雜貨爲大宗。

九龍　係英人租地。與香港對岸。廣九鐵路。可通廣州。爲廣州與香港貿易之門戶。出口貨。地蓆、舊蔴包、鮮蛋、花生油、磁器、木材、包蓆、草蓆、酒、乾菓、餞菓、鮮菓、糖爲大宗。進口貨。米、煤、煤油、海味、棉紗、藥材、布疋、雜貨爲大宗。

三水　在廣州上游三十哩。爲西北二江合流處。小輪船可通行於此。現在通商市場。地低水淺。對岸之崗根。爲北江門戶。地高水深。將來市場中心。必移於此。北江流域。土地肥饒。戶口稠密。勝於西江。每年經過三水之貨物。達二千萬兩。出口貨花生、紙料、鴨毛、木耳、水靛、藥材、赤糖爲大宗。進口貨印度棉紗、各種布疋、煤油、五金、火柴、白糖爲大宗。

江門　濱臨西江。距廣州八十六哩。居珠江三角洲之中心。西江分流。密如蛛網。交通便利。南接新會、澳門、香港、西連雷州、連州。附近土地肥饒。物產豐富。十餘年前。海關四面。盡爲稻田。今則街市井井。輪船鐵路。水陸交通。變爲商務繁盛之區。進口貨布疋、五金、麵紛、糖、煤油、米、雜貨爲大宗。出口貨。紅茶、竹器、葵扇、木油、煙草、柑橙、甘蔗、菜蔬、猪爲大宗。甘竹在江門上游二十六浬。距香港七十六浬。爲西江與甘竹灘水流合處。貿易之盛。亞於甘竹。

拱北　在香山縣南。接近澳門。爲廣州與澳門貿易之門戶。進口貨。棉紗、麪粉、煤油、布疋、米粉、絲爲大宗。出口貨。蓆、白絲、野蠶絲、綢緞、鮮菓、烟草、雞、鴨、雞蛋、輕重木料、陳皮、磁器、糖、茶爲大宗。

汕頭　在汀江口。距澄海縣治三十里。潮汕鐵路。可通潮州。地勢偏僻。內地丘陵起伏。運輸不便。與山東烟台相類。惟附近土地豐饒。民力富厚。過於烟台。故其進出貿易。年在四千萬兩以上。雖貿易區域。只限於福建南部、廣東東部、及江西西部。而附近人民。多營工商業於安南暹羅及南洋羣島、每年出洋謀生者。達十萬人以上。寄回現金。年在一千萬元以上。民力既裕。故洋貨進口亦多。進口貨棉布、棉紗、煤油、火柴、米爲大宗。出口貨。糖爲大宗。烟草、紙、棉布(棉布專供南洋華僑之用)次之。

瓊州　卽瓊山縣之海口。爲瓊州島及雷州半島貨物集散之中心。島內最富礦產。木材尤佳。(香港地方建築用材料皆仰給於此)且與安南東京。商務往來頻繁。故船隻出入。頗爲繁盛。進口貨。米、多來自安南。布疋、棉紗、絨貨、雜貨。多來自香港。火柴來自日本。麪粉。煤油來自美國。出口貨。赤糖、蕢薑、(蕢薑形長二寸、厚約半寸、色外紫而內赤、氣味純香、與生薑胡椒攙合之味無異、日本新金山等處、銷行最廣)豬、雞、鴨、鵝、雞蛋、荔枝、菠蘿、龍眼、最多。

北海　在合浦縣縣南六十里。居廉州灣之南。有沙洲自西而來。覆於前面。爲天然防波隄。吃水七呎之輪船。可以安全椗泊。距南寧一百六十哩。原爲西江上游一帶貨物之吐吞口。自西江通行輪船後。僅餘欽、廉、鬱林、高雷之貿易。而法租廣州灣後。進口貨。如洋紗、棉紗、雜貨。概免稅釐。多由廣州灣直接運往高、雷、鬱林一帶。北海貿易。遂衰敗不振。現時出口貨。水靛、糖、豬、生皮、鰌魚、桐油、花生、花生油、餅、桂圓、乾魚、鹹魚、柴最多。進口貨。煤油、麪粉、紙烟、棉紗、火柴、帆布、蔴、米最多。

廈門　在福建思明縣南。內通泉漳。外對台灣。灣內水深。可泊巨艦。(廈門島西南與鼓浪嶼相對、成一小海峽、狹處寬六百七十五碼、廣處八百四十碼、深四十二呎、無風浪之險、船隻出入安全、在各口中推爲第一)泉漳居民。慣於航海。往南洋謀生者。歲不下八九萬。最近調查僑居南洋者。約二百五十萬人。每年寄回現金。達二千萬元。故廈門附近。民力富裕。貿易最盛。出口貨。茶爲大宗。烟葉、紙、糖、次之。進口貨。布疋、棉紗、煤油、火柴、米、麪粉最多。

三都澳　在三沙灣內三都島之南。三沙灣、峯巒四周、一線通海、水廣而深、風波不興、大船自由出入。允爲良港。惟背面山岳起伏。僅能與福寧、福安、甯德、羅源等處相通。貿易殊難發達。出口貨。茶爲大宗。茶油、糖、煙葉、下等紙、粗碗、生鐵、（鐵爲古田霞浦福安所產、運往台灣最多）次之。進口貨。煤油、火柴、印度棉紗、麵粉、紙烟爲大宗。

福州　據閩江北岸。西北泝閩江。可達南平、建甌、邵武。南與廈門貿易區域相接。三都澳進出貨物。多經由於此。惟內地山岳環繞。道路險惡。無陸運之便。川流雖多。而溪水甚急。涸溢無時。且民生貧苦。故貿易不及廈門遠甚。出口貨。茶爲大宗。木材、樟腦、菸、紙、橘、橄欖次之。進口貨。布疋、紙烟、日本火柴、煤油、麵粉、棉紗爲大宗。電氣材料、五色染料、雜貨次之。

梧州　在西江與桂江會流處。扼廣西之咽喉。貿易區域。除本省而外。跨及廣東、貴州、雲南、湖南各省。與貴州貿易。關係尤深。民國元年。由梧州領三聯單運入貴州之洋貨。計值四百三十萬兩。近因兵戈擾攘。稍形衰減。進口貨。棉布、棉紗、煤油、海味、火柴爲大宗。麵粉、五金次之。出口貨。八角油、木油、茶油、八角、米、（梧州爲桂省著名米市、民國元年經過常關者、達二百六十九萬擔、民國七年一百九十五萬擔、多運往廣州、）牲畜、牛皮、赤糖、錫磚、錦、絲、水靛爲大宗。

南寧　在西江北岸。距梧州三百六十八浬。距香港五百九十二浬。北經百色達雲南。南經欽州至北海。西經龍州通亞東。東經梧州通廣州香港。占廣西之中央。土地肥沃。出口貨。八角、八角油爲大宗。白糖、赤糖、豆、雞鴨毛、花生餅、牛皮、紙、柏油次之。進口貨。布疋、棉紗、煤油、紙煙、絨貨爲大宗。琺藍器、火柴、針、無大小製品、雜貨次之。

龍州　居松吉河與牧馬河合流處。距南甯二百五十哩。由松吉、牧馬兩河可通東京。由鐵路經諒山可達河內。中法國境交通之重地也。出口貨。爆竹、煙絲爲大宗。美國煤油及蘇門答臘煤油。由此復出口往安南者甚多。進口貨。薯莨、木料、薏米爲大宗。俱由安南運來。

蒙自　爲雲南最重要之通商場。自滇越鐵路開通後。發展甚速。光緒三十四年。進出貨價、共計一千十萬兩。民國元年增至一千九百六十萬兩。七年更增爲二千四十三萬兩。向來出口多於進口。則以錫磚出口極多故也。民國元年、出口錫塊八千二百噸。計值一千一百三十九萬兩。占出口貨價總數百分之九十六。此外白鉛、荳、山羊皮、麝香、（產於西藏邊界及麗江大理等處、）白蠟、豬鬃、薯莨、石黃、羽毛。皆爲出口大宗。運往東京者不及百分之四。運往香港者占百分之九十六有奇。進口貨。布疋、煤油、紙煙、礦務機器、鐵路材料、火柴爲大宗。由東京運來者。占三分之一。由香港運來者。占三分之二。蒙自人口僅二萬。進口貨在本埠消費者有限。大都由此復出口運往他埠。民國七年。洋貨進口、九百三萬兩。而領子口單運往內地者。則爲六百三十五萬兩。其中、往雲南內地者五百五萬兩。往四川者七十三萬兩。往貴州者五十七萬兩。

思茅　爲雲貴西藏通下部緬甸及暹羅之要路。昔時隊商經過於此。貿易極盛。今已衰微。每年貿易總數。不過二十餘萬兩。普洱茶、多由此出口。運出東京。此外磁器、熟鐵、鐵器。運銷東京及緬甸。核桃粉絲。運銷暹羅。進口貨棉花爲大宗。約佔進口貨價四分之三。由緬甸來者。佔十分之八。由東京者略少。

騰越　爲雲南與緬甸通商重要市場。由緬甸八莫、經大理、達雲南省城。此爲必由之路。惜由騰越至八莫、百四十哩間。山岳重疊。道路崎嶇。騰越至雲南省城。中間更有高山峻嶺。(約四千呎乃至一萬呎)運輸維艱。不免爲貿易發達之障礙。故自開埠至今。進步極遲。民國二年、貿易總數三百十三萬兩。(出口七十三萬兩、進口二百四十萬兩、)較開埠第二年(光緒二十九年)之一百七十一萬兩。(出口二十四萬兩、進口一百四十七萬兩、)不過增加百分之八十三。民國三、四、五、六各年份。且又減至二百九十萬兩以下。直至七年以後。出口增加。貿易總數。始見大增。民國七年爲三百九十五萬兩。(出口一百四十二萬兩、進口二百五十三萬兩、)民國八年爲五百五十三萬兩。(出口二百三萬兩、進口三百五十萬兩、)民國九年。出口銳減。貿易進步。又形停滯。(九年貿易總數五百六十四萬兩中、出口一百六十萬兩、進口四百四萬兩、)出口貨黃絲、(來自四川運往印度)麝香、皮革爲大宗。進口貨美國煤油、日本雜貨(肥皂、修飾品、傘、琺藍器、鏡盒居多、)次之。

第六節　西北陸路通商各埠

西北陸路通商各埠。以張家口、庫倫、恰克圖、烏里雅蘇台、科布多、及新疆之喀什噶爾、伊犁、塔城、迪化、奇台、吐魯番、哈密、及西藏之亞東、江孜、噶大克爲最著。

張家口爲內地通蒙古西伯利亞之門戶。東經多倫、至東三省。西經歸化、達寧夏、蘭州。京綏鐵路經過於此。人口五萬。出口貨牲畜皮毛最多。每年內地及蒙古之物產。與洋貨交易。不在少數。惜無統計可憑。

庫倫爲外蒙第一大埠。占中俄陸路貿易之中樞。俄國總領事館在焉。居民三萬。年銷內地物產及外國洋貨約一千二百萬兩。蒙古土貨由此出口者。約八百萬兩。恰克圖原爲蒙疆重地。以中俄界約劃歸俄國。中國別築一買賣城。俄人居恰克圖。華人居買賣城。中間隔一木柵。彼此互市。頗形發達。貿易以磚、茶爲主。牲畜、棉布、烟草次之。烏里雅蘇台居西蒙之中心。貿易頗盛。俄人設正領事一人駐焉。科布多貿易、亞於烏里雅蘇台。其西北界上之索果克。當阿爾泰軍台之終點。俄人設郵路於此。東行經烏里雅蘇台。分往庫倫張家口。消息靈通。俄商藉以行商於蒙古各地。

喀什噶爾自古爲我國與中亞交通之要道。西經帕米爾通俄屬土耳斯坦。南越崑崙、喜馬拉雅二嶺達印度。天山南北諸名城。皆相去不遠。中亞、印度貨物。運至此處。分往各城銷售。貿易最盛。有俄國領事、華俄分銀行、英國印度貿易事務官駐此。人口五萬。伊犁亦駐有俄領。洋貨經過此處運往天山北路諸城者不少。塔城土地平坦。接連西伯利亞。馬車行七日。至悉密巴拉廷斯克。(Semipalatinsk) 更由額爾齊斯河乘輪行三日。可達西伯利亞鐵路沃木斯克站。交通極便。以故塔城貿易。頗形發達。人口亦逐年增加。奇台舊名故城。在新疆東北。東北通烏里雅蘇台。西北接科布多。西南連迪化。東南達哈密。駱駝隊往來於歸化城之間。通商頗盛。迪化平原沃壤。占新疆交通之中樞。人口三萬。然貿易之盛。不及以上四埠遠甚。吐魯番當天山南北兩路之咽喉。平原沃野。多產葡萄，棉花。貿易與迪化相埒。人口約二萬五千。哈密當甘肅通新疆之要道。土地肥饒。農業盛行。以產瓜著名。人口約一萬五千。貿易不甚發達。

亞東、江孜、噶大克。皆西藏要區。雖其地物產不多。峻嶺深谿。舟車不通。然由大吉嶺（印度極北鐵路車站）至亞東八十哩。僅七日程。現在印度政府又促令拉薩、盡撤沿途關卡。修繕道路。凡各商埠。均駐有英國官吏。保護通商。較之我國內地至西藏。近者三千里。（由雲南大理至拉薩）遠者五千里。（由打箭爐或西甯至拉薩）行程數月。道路日壞。關卡林立。猛獸盜賊橫行當道者。相去不啻天淵之別矣。由烏蘇江經拉薩。至扎什倫布。千二百里間。盡屬雅魯藏布江流域。土地平坦。氣候温和。多產豆、麥、柴草、羊、馬、牛、驢、犛牛、鹿、麝等家畜野獸。極形繁富。現時亞東印藏貿易。雖遠不及打箭爐、大理、西寧等處。然即以上情形觀之。將來貿易之中心。必移於亞東。印度獨占西藏之貿易。爲期當不遠矣。亞東出口大宗。爲羊毛、狐狸皮、小綿羊皮、毯、騾、馬、犛牛尾、綢。進口大宗。爲布疋、五金、火柴、絨棉布、（藏人多衣絨衣）煤油、珊瑚、（土人用作念珠首飾頂子等物）傘、五色染料、兒茶。（藏婦塗面所必需）宣統元年。我國曾設亞東關。民國元年廢止。貿易統計。已無可考。

第七節　各埠貿易統計

各埠貿易統計。在西北陸路通商、及未設海關各埠。均無正式表册可憑。茲但就已設海關之五十埠。表示於左。

各關貿易統計表　其一、直接往來外洋貿易

關名	貨價 ＼ 年份	洋貨進口	土貨出口
愛	民國九年	五一、四三六兩	二、三三八、二七〇
	民國八年	二五、二〇七兩	七七、九二三
	民國七年	一二四、三九〇兩	一、一六〇、九一五
	民國六年	四八、一六一兩	七三七、五四四
	民國三年	二九六、八四四兩	一、一九八、七六四
	民國二年	二九〇、二八二兩	一、二二六、九六六

琿	共計	二、三八九、七二六	八〇三、一一九	一、二七五、三〇五	七八五、七〇五	一、四九五、六〇八	一、五〇七、二四八
三姓	洋貨進口	三九、四二八	一六、九六八	二一、二〇〇	一三、六一〇	六八、八七八	四七、七六五
	土貨出口	五三三、〇九八	一、六六一、五六五	二〇四、八九三	九二一、五八〇	二、六〇二、三三八	二、四四五、九六七
	共計	五七二、五二六	一、六七八、五三三	二二六、〇九三	九三四、一九〇	二、六七一、二一六	二、四九三、七三三
滿洲里	洋貨進口	三、三七一、四六九	一、五七二、八二六	一、二五六、八一二	二、八六九、二三八	一一、〇七六、四三六	一二、一一〇、四一八
	土貨出口	四、二二〇、二三〇	五、二五五、二四四	一、六三六、三四一	一一、一六九、九一二	一、六六六、九八六	一、七八〇、一九三
	共計	七、五九一、六九九	六、八二八、〇八〇	二、九九三、一五三	一四、〇三九、一四九	一二、七四三、四二二	一三、八九〇、六一一
哈爾賓	洋貨進口	二六九、五八八	五三、一〇六	二三九、一三八	九三、四三三	二七五、一四六	一七六、九八三
	土貨出口	二八三、八七〇	六五〇、三六一	三三七、四一九	一、六三三、九六五	三、一七三、二三二	二、八七三、〇一〇
	共計	五七三、四五八	七〇三、四六七	三五六、五五七	一、七二六、三八七	三、四四八、三七八	三、〇四八、九九三
綏芬河	洋貨進口	四、四五八、六八九	一一、三九一、五四七	三、七三八、一九三	五、八一四、〇三三	六、五九五、四九四	七、八八四、九三九
	土貨出口	五、七三四、五七四	六、四九二、三三八	七、四四七、四九七	一七、九八二、五五〇	一一、六四六、六三一	一三、九一三、三三六
	共計	一〇、一九三、二六三	一七、八八三、八八五	一一、一八五、六九〇	二三、七九六、五七三	一八、二四二、一二五	二一、七九八、二六五
琿春	洋貨進口	五七〇、六〇七	七〇九、三一二	五七一、一九五	四四七、三六一	四一九、三七八	三九九、九六九
	土貨出口	二〇一、三一一	三七七、九一二	五〇八、九五九	四二一、二三七	二六〇、三七九	四四五、一九三
	共計	七七一、九一八	一、〇八七、二二四	一、〇八〇、一五四	八六八、五九八	六七九、七五七	八四五、一六二
龍井村	洋貨進口	一、六四七、四三六	二、二三四、四〇六	一、五六二、四二五	八二一、一七七	五〇六、八二六	六七一、一九九
	土貨出口	五九三、五八五	一、〇八〇、九七二	一、一八七、六九〇	四六九、九三六	五八、六七三	一七四、三一五
	共計	二、二四一、〇二一	三、三一五、三七八	二、七七〇、一一五	一、二九一、一一三	五六五、四九八	八四五、五一四

安東	洋貨進口	三三、六一五、一〇八	三一、六〇三、七五八	三一、八〇八、四八四	二六、五三〇、〇九九	一三、八五三、二三九	六、二三六、五三六
	土貨出口	一九、一九七、三〇二	二〇、九一四、一八九	一一、七七七、二四七	九、二五三、一〇五	三、〇三四、九六二	三、七〇一、九六七
	共計	五二、八一二、四一〇	五二、五一七、九四七	三三、五八五、七三一	三七、七七三、二〇四	一五、八八八、一九一	九、九二八、五〇三
大東溝	洋貨進口	六、六四〇	一一、七六八	三二六	四八二	六七四	六八九
	土貨出口	二、三一八	二九、九九五	二、二七五	二七、六五四	一八、四五二	四四、九七六
	共計	八、九五八	四一、七六三	二、六〇一	二八、一三六	一九、一二六	四五、六六五
大連	洋貨進口	七一、〇四〇、八八三	八九、五二一、三三三	六六、九七九、六二六	五八、二七四、四九七	二八、八九一、五六五	二八、七四〇、二八二
	土貨出口	一一一、三三三、七八九	一〇八、五六九、五三三	八〇、九七六、〇七二	五一、五七五、五四一	三七、一七八、一二九	三〇、〇二三、六〇六
	共計	一八二、三六三、六七二	一九八、〇九〇、八五六	一四七、九五五、六九八	一〇九、八五〇、〇三八	六六、〇六九、六九四	五八、七五二、八八八
牛莊	洋貨進口	七、一〇五、一四〇	六、〇八六、九五五	四、九三四、七二三	五、〇八八、五四二	七、六二三、六六一	七、九三〇、二七四
	土貨出口	三、二二九、二六四	一〇、四八六、五二九	四、二五九、九〇〇	二、七九五、二五六	七、二〇四、二六七	一一、〇〇〇、九九三
	共計	一〇、三三四、四〇四	一六、五七三、四八四	九、一九四、六二三	七、八八三、七九八	一四、八二七、九二八	一八、九三一、二六七
秦皇島	洋貨進口	二、五〇一、四五九	三、三六九、六六三	三、六三六、四六八	一、四一五、九二〇	三、一九六、二九五	三、五六二、七四三
	土貨出口	四、六〇五、二一一	三、五四九、一〇五	三、五七六、九六五	二、八二六、九六六	三、一六六、〇二八	一、六〇五、五二八
	共計	七、一〇六、六七〇	六、九一八、七六八	七、二一三、四三三	四、二四二、八八六	六、三六二、三二三	五、一六八、二七一
天津	洋貨進口	六九、八五四、八九三	六六、八八二、八七九	五九、三六七、八二三	五三、五一一、五八七	五二、七八八、〇八一	五一、三五四、二九七
	土貨出口	一八、二四五、三二〇	二七、五二六、三七九	二六、八二三、九七一	一七、三七五、九三五	九、六五七、八五五	八、一四〇、九四九
	共計	八八、一〇〇、二一三	九四、四〇九、二五八	八六、一九〇、七九四	七〇、八八七、五二三	六二、四四五、九三六	五九、四九五、二四六
龍	洋貨進口	四、三一九	五、一九七	一、三八三	八、九五〇	—	—

口	土貨出口	二一九、九五四	二八四、二三三	七二、一一七	一〇、一一五	—	—
	共計	三三四、二七三	二六九、四一九	七三、五〇〇	一九、〇六五	—	—
煙台	洋貨進口	四、八〇八、三六二	四、四三九、七六〇	六、三六六、〇五一	八、九五五、〇七七	五、五五九、六六七	五、二一一、八九七
	土貨出口	八、八四五、八二五	五、四九一、五三九	四、六二二、三七一	三、七六七、二七九	三、六六五、六二七	四、六九五、五三九
	共計	一三、六五四、一八七	九、九三一、二八九	一〇、九七八、四二三	一二、七二二、三五六	九、二二五、二九四	九、九〇七、四三六
膠州	洋貨進口	二〇、六九四、四七四	一七、五四三、三六七	一六、九七三、七八六	一七、八二四、七七二	一二、一五一、〇三三	一五、四六六、七八五
	土貨出口	一九、三一六、六〇八	二五、四六〇、一四九	一五、四〇八、三三一	一六、八九九、二〇一	一〇、九四五、七五五	一三、九六〇、〇九六
	共計	四〇、〇一一、〇八二	四三、〇〇三、五一六	三二、三八二、一一七	三四、七二三、九七三	二三、〇九六、七八八	二八、四二六、八八一
重慶	洋貨進口	五四三、四四七	六七四、五八六	四三七、五一二	六五七、一七〇	一、六七三、六四一	七七八、四三五
	土貨出口	一七四、三六〇	三三一、三八八	二〇七、〇七七	二五五、五九四	九三、二三三	七七、一三二
	共計	七一七、八〇七	一、〇〇五、九七四	六四四、五八九	九一二、七六四	一、七六六、八七四	八五五、五六七
萬縣	洋貨進口	二九、九七〇	一五、一八四	一一、一五五	一一、四六一	—	—
	土貨出口	五、三四〇	五、三三九	一、六三七	一、六四〇	—	—
	共計	三五、三一〇	二〇、五二三	一二、七九二	一三、一〇一	—	—
宜昌	洋貨進口	五四二、四四二	二六八、〇五六	四四五、七二五	二四六、二七一	二四三、九二七	一六九、三九〇
	土貨出口	—	—	—	—	—	—
	共計	五四二、四四二	二六八、〇五六	四四五、七二五	二四六、二七一	二四三、九二七	一六九、三九〇
沙	洋貨進口	四四三、六七七	二七七、五〇七	三五〇、八二〇	二八四、九七〇	一九三、八六〇	二〇〇、〇六三
	土貨出口	二二三	一二六	一一	二四五	二七五	二九六

市	共計	四四三、八八九	二七七、六三三	三五〇、八三一	二六五、二一五	一九四、一三五	二〇〇、三五九
長沙	洋貨進口	一、八八四、五三二	四、五六六、七一一	二、〇二八、九七一	一、三五七、〇二四	二、三五四、一一七	一、四九〇、三五七
	土貨出口	二、七五〇	一、六一七	一、二四八	一、八五八	八九七	一、〇七二
	共計	一、八八七、二七二	二、五六八、三三八	二、〇三〇、二一九	一、三五八、八八二	二、三五五、〇一四	一、四九一、四二九
岳州	洋貨進口	八、三〇二	三、〇九七	四、八九五	六、七八九	二、〇四一	六、二〇〇
	土貨出口	—	—	—	二三、七三〇	五五〇	三、七四七
	共計	八、三〇二	三、〇九七	四、八九五	三〇、五一九	二、五九一	九、九四七
漢口	洋貨進口	四三、九一六、三九一	三七、四五八、七四四	三〇、九七四、八九三	三六、七五五、二七八	三五、二八六、〇二三	三四、一六四、〇八三
	土貨出口	一一、三四二、八一八	一四、四八七、六〇六	一〇、五八九、四〇七	一三、七六七、七七六	一七、九〇八、〇二七	一六、八〇六、八五八
	共計	五五、二五九、二〇九	五一、九四六、三五〇	四一、五六一、三〇〇	四九、五二三、〇五四	五三、一九四、〇五〇	五〇、九七〇、九四一
九江	洋貨進口	二、一三七、五三五	一、五〇八、〇八五	一、五三八、一〇五	二、一四三、六三一	一、八二二、三四五	一、五三八、九八四
	土貨出口	一、四二七	一、一四六	一、九九六	一、四五五	一〇五、八八〇	一二一、二八三
	共計	二、一三八、九六二	一、五〇九、二三一	一、五四〇、一〇八	二、一四五、〇八六	一、九二七、二二五	一、六六〇、二六七
蕪湖	洋貨進口	二、三〇五、七二五	二、二四八、九七八	一、九〇八、一五二	一、二七四、五二八	一、四八八、三一八	九〇四、一八六
	土貨出口	六五一、五六七	一、一一三、二五七	六〇〇、六五七	二七八、八六五	一、九三一	八四三
	共計	二、九五七、二九二	三、三六一、二三五	二、五〇八、八〇九	一、五五三、三九三	一、四九〇、二四九	九〇五、〇二九
南京	洋貨進口	四、四一一、三九九	三、一二〇、五五六	一、六五九、八〇五	一、六六一、一七四	三、六一九、八六五	二、六四五、〇七〇
	土貨出口	六、六四八、三八三	六、七五九、五二九	二、一八九、九〇〇	三、六六四、六九〇	一、〇五五、四五六	一二三
	共計	一一、〇五九、七八二	九、八八〇、〇八五	三、八四九、七〇五	五、三二五、八六四	四、六七五、三二一	二、六四五、一九三

鎮江	洋貨進口	五、六一四、五五七	三、八〇〇、一七五	四、三七三、九一二	四、八三二、六四八	四、三〇九、二五〇	三、八一九、六九七
	土貨出口	二八七、〇〇九	五四〇、七一九	五六二、六九一	三五、四三五	二〇七、九二〇	五七三、六八五
	共計	五、九〇一、五六六	四、三四〇、八九四	四、九三六、六〇三	四、八六八、〇八三	四、五一七、一七〇	四、三九三、三八二
上海	洋貨進口	三八三、九一七、五二六	二六一、七〇一、〇七四	二二四、九六七、九〇七	二一〇、〇八五、九九〇	二三八、五八九、五四八	二四四、四五一、四二一
	土貨出口	一九三、七九五、四一二	二五九、七二八、七五九	二〇一、二九〇、八四三	一九七、三五四、六五九	一四七、六九二、〇九四	一七六、八五八、四一五
	共計	五七七、七一二、九三八	五二一、四二九、八三三	四二六、二五八、七五〇	四〇七、四四〇、六四九	三八六、二八一、六四二	四二一、三一〇、八三六
蘇州	洋貨進口	四三、〇二四	四九、九四五	三一、九八五	二四、一〇一	一九、二三三	一九、〇三一
	土貨出口	—	—	—	—	—	—
	共計	四三、〇二四	四九、九四五	三一、九八五	二四、一〇一	一九、二三三	一九、〇三一
杭州	洋貨進口	七八、一七三	一四六、四七六	一九五、六二四	一三六、五四六	五四一、四九一	五五八、〇六〇
	土貨出口	—	—	—	—	—	—
	共計	七八、一七三	一四六、四七六	一九五、六二四	一三六、五四六	五四一、四九一	五五八、〇六〇
寧波	洋貨進口	三、一三一、三二五	三、一二六、四三一	三、〇六七、〇七二	二、七〇五、九二六	二、六四九、二一三	二、八九〇、一九五
	土貨出口	二、〇一八	三、六七〇	七、一三七	一、七〇四	一、八二四	六九〇
	共計	三、一三三、三四三	三、一三〇、一〇一	三、〇七四、二〇九	二、七〇七、六三〇	二、六五一、〇三七	二、八九〇、八八五
溫州	洋貨進口	七、六四七	二一、一六二	三三、二二三	一一、八四六	一、〇一八	二、八五七
	土貨出口	八	六、九八四	二九一	—	—	—
	共計	七、六五五	二八、一四六	三三、五一四	一一、八四六	一、〇一八	二、八五七
三	洋貨進口	—	二五、二九一	二四、六二三	二七、五二三	一八、三八一	二八、六〇七

都	土貨出口	—	八、六八四	五、三五八	二七〇	—	—
澳	共計	—	三三、九七五	二九、九八〇	二七、七九三	一八、三八一	二八、六〇七
福州	洋貨進口	三、八三八、四三七	五、三九六、八〇八	四、一三四、三九四	四、五六二、六六七	六、二三四、三六八	七、七三五、七三四
	土貨出口	四、九三九、〇二三	四、七〇四、七八六	三、五一四、五〇〇	二、一八五、二二五	四、九七四、三六六	六、一五八、六三九
	共計	八、七七七、四六〇	一〇、一〇一、五九四	七、六四八、八九四	六、七四七、八八二	一一、二〇八、七三四	一三、八九四、三七三
廈門	洋貨進口	九、一三九、五六三	九、二八五、九九五	七、三六五、九一九	八、〇〇三、一五五	九、六四三、七四〇	一〇、九一六、〇九七
	土貨出口	二、四七六、二九五	一、八二八、三七二	一、九二六、四七二	一、八四三、一四二	二、一七一、三五一	二、五三三、三〇七
	共計	一一、六一五、八五八	一一、一一四、三六七	九、二九二、三九一	九、八四六、二九七	一一、八一五、〇九一	一三、四四九、四〇四
汕頭	洋貨進口	一一、三四一、三五六	一五、一〇二、四四三	一三、三六四、三五三	一三、五九八、三六三	二〇、六四一、六〇八	二〇、一一一、〇六二
	土貨出口	一三、九五〇、五〇七	一一、四〇六、〇七二	八、九五〇、七七四	九、七二二、三六〇	八、五五〇、三一九	八、二六二、〇四七
	共計	二五、二九一、八六三	二六、五〇八、五一五	二二、三一五、一二七	二三、三一九、七二三	二九、一九一、九二七	二八、三九三、一〇九
廣州	洋貨進口	三二、五〇九、二二八	三一、一二一、九一四	二八、二二五、五五四	二七、八七四、四〇〇	三四、八八〇、五八八	三一、七九一、二一九
	土貨出口	五九、二三二、八八一	六四、六七六、〇五七	五〇、四三六、四四五	四九、九九四、〇六六	四四、一四四、三五三	五五、九三七、八四一
	共計	九一、七三二、〇九九	九五、七九七、九七一	七八、六五一、九九九	七七、八六八、四六六	七九、〇二四、九四一	八七、七二九、〇六〇
九龍	洋貨進口	二〇、四七六、三四二	二一、八五五、七六九	三三、二六九、二七九	三三、六三三、二八五	三〇、〇九〇、二七〇	二九、七三二、七九四
	土貨出口	一四、八三九、一四四	一五、一三五、六一六	一四、二八三、九八五	一四、一七二、六九〇	一〇、二四四、七八四	一三、八一二、五〇〇
	共計	三五、三一五、四八六	三六、九九一、三八五	四七、五五三、二六四	四七、八〇五、九七五	四〇、三三五、〇五四	四三、五四四、二九四
九龍	洋貨進口	二、八六七、四三三	一、九六八、四六五	二、一六四、〇二六	二、三八四、四三六	一、三三七、九五九	七二一、一三八
	土貨出口	一、三七二、八一五	八二五、八二七	七六九、六〇八	一、二三九、九〇〇	五〇〇、二一一	二六八、五三一

（廣九鐵路）	共計	四、二四〇、二四八	二、七九四、二九二	二、九三三、六二四	三、六二四、三三六	一、八三八、〇七〇	九七九、六五九
拱北	洋貨進口	一二、七二四、七一五	七、九三三、四六六	八、三三六、六三一	一〇、六九五、六四四	一一、六三三、六八四	一一、八五〇、八三四
	土貨出口	五、〇六五、〇九二	五、一七〇、六〇二	四、八二一、〇五二	五、一六八、三九七	四、三五四、六三一	五、二二五、二五六
	共計	一七、七八九、八〇七	一三、一〇四、〇六八	一三、一五七、六八三	一五、八六四、〇四一	一五、九八八、三一五	一七、〇七六、〇九〇
江門	洋貨進口	五、一一五、六二一	三、三三五、八九一	三、四〇三、三七七	三、七八八、九二三	五、四七二、四九七	六、七九九、五二〇
	土貨出口	一、四五四、一〇六	一、〇八六、七六六	一、一三五、五九八	一、四〇一、三八五	一、一〇七、六四四	一、四七一、四三六
	共計	六、五六九、七二七	四、四二二、六五七	四、五三八、九七五	五、一九〇、三〇七	六、五八〇、一四一	八、二七〇、九五六
三水	洋貨進口	二、四九八、三七六	二、五〇三、四二二	二、三四八、一一三	三、二三六、六一二	四、〇六九、三五六	五、一一九、三九九
	土貨出口	四九九、〇九二	四六五、〇五六	四三〇、六七二	七三九、八九八	八七三、三五六	八一二、七〇一
	共計	二、九九七、四六八	二、九六八、四七八	二、七六八、七八五	三、九七六、五一〇	四、九四二、七一三	五、九三二、一〇〇
梧州	洋貨進口	一一、八三八、三四九	一一、二七六、八九一	九、〇九〇、九〇八	九、二一三、〇一〇	一〇、四〇五、四一六	一〇、七七六、九九四
	土貨出口	五、九一四、一一五	五、五八三、一五五	五、七三二、五二四	四、九〇四、九〇二	三、三二七、〇九九	三、四四八、四六六
	共計	一七、七五二、四六四	一六、八六〇、〇四六	一四、八二三、四三二	一四、一一七、九一二	一三、七三二、五一五	一四、二二五、四六〇
南寧	洋貨進口	六六八、八五三	七四六、一一五	七六二、〇六九	一、一〇九、一三五	一六、二七一	一九、四八二
	土貨出口	一、七七三、七五六	一、八二六、五二七	二、〇七〇、七八六	二、一六二、一七一	一、六二七、六〇四	二、〇三六、四一六
	共計	二、四四二、六〇九	二、五七二、六四二	二、八三二、八五五	三、二七一、三〇六	一、六四三、八七五	二、〇五五、八九八
瓊州	洋貨進口	二、九一二、三四六	二、五五九、〇五八	二、三〇三、〇六二	三、三三九、一〇一	二、九八七、五四八	三、七八三、八九四
	土貨出口	二、三〇〇、四四九	二、五七七、四七四	二、一八八、八八八	二、三四九、一〇一	二、〇三九、七一九	二、〇九九、六二六
	共計	五、二一二、七九五	五、一三六、五三二	四、四九一、九五〇	五、六八八、二〇二	五、〇二七、二六七	五、八八三、五二〇

北海	洋貨進口	一、九六二、〇〇九	一、八〇二、九九四	一、三九七、二五四	一、六一二、一三一	一、五一九、七三四	一、八五〇、三六五
	土貨出口	二、〇九〇、五四二	一、九六四、五一三	一、四三一、八〇五	一、一一〇、三七六	六七四、三九五	九一八、〇九一
	共計	四、〇五二、五五一	三、七六七、五〇七	二、八二九、〇五九	二、七二二、五〇七	二、一九四、一二九	二、七六八、四五六
龍州	洋貨進口	六三、八七八	六八、七八九	九一、六八〇	五三、五五一	一一三、六三〇	九九、二五七
	土貨出口	二四、八四四	一三、八三〇	七、九二一	四、五三〇	一一、二六九	一〇、〇二四
	共計	八八、七二二	八二、六一九	九九、六〇一	五七、〇八一	一二四、八九九	一〇九、二八一
蒙自	洋貨進口	九、六二〇、九〇一	八、五二六、八〇七	九、〇三五、六九〇	五、九二二、三四九	七、八〇三、四五八	八、六四四、二六〇
	土貨出口	一三、二五二、〇八三	九、八八六、六三八	一一、三九八、八一八	一二、八六五、六六八	八、三七九、八三八	一一、〇六六、二七〇
	共計	二二、八七二、九八四	一八、四一三、四四五	二〇、四三四、五〇八	一八、七八七、〇一七	一六、一八三、二九六	一九、七一〇、五三〇
思茅	洋貨進口	二八五、五二七	一八九、三三七	二〇八、七六八	二三五、三七三	二二五、七二八	一八四、八九〇
	土貨出口	六一、四四三	三二、九九七	三一、四一九	二九、六三五	三五、九〇七	三九、三六〇
	共計	三四六、九七〇	二二二、三三四	二四〇、一八七	二六五、〇〇八	二六一、六三五	二二四、二五〇
騰越	洋貨進口	四、〇四二、五七〇	三、五〇五、二七一	二、五二七、三三六	二、二〇三、四一二	二、〇〇九、六八一	二、四〇一、七九八
	土貨出口	一、六〇五、二八〇	二、〇二九、三七五	一、四二五、五四七	七九四、四九八	五六二、八一九	七三〇、二七七
	共計	五、六四七、八五〇	五、五三四、六四六	三、九五二、八八三	二、九九六、九一〇	二、五七二、五〇〇	三、一三二、〇七五
合計	洋貨進口	七九九、九六〇、二〇六	六七九、五二九、五四四	五七七、六四三、八〇三	五七七、三八一、三三九	五八四、二〇九、〇〇三	五八六、二九〇、四三一
	土貨出口	五四一、六三一、三〇〇	六三〇、八〇九、四一一	四八五、八八三、〇三一	四六二、九三一、六三〇	三五六、二二六、六二九	四〇三、三〇五、五四六
	共計	一、三四一、五九一、五〇六	一、三一〇、三三八、九五五	一、〇六三、五二六、八三四	一、〇四〇、三一二、九六九	九四〇、四三五、六三二	九八九、五九五、九七七
洋貨由上海復往外洋		一五、二五四、三七六	一二、二九六、二三一	一三、五五〇、七七六	八、〇三七、八一九	八、九〇〇、六四九	一一、二五六、五〇一

洋貨由別口復往外洋		三、四五五、六〇〇	二一、二三五、六三一	一〇、一九九、九六五	一九、八二四、七四六	六、〇六六、九七三	四、八七一、三七三
共計洋貨復往外洋		三七、七〇九、九七六	三一、五三一、八六三	二三、七五〇、七三一	二七、八六二、五六五	一四、九六七、六三一	一六、一二七、八七四
淨數	洋貨進口	七六二、二五〇、二三〇	六四六、九九七、六八一	五五四、八九三、〇八二	五四九、五一八、七七四	五六九、二四一、三八二	五七〇、一六三、五五七
	土貨出口	五四一、六三一、三〇〇	六三〇、八〇九、四一一	四八五、八八三、〇三一	四六二、九三一、六三〇	三五六、二二六、六二九	四〇三、三〇五、五四六
	共計	一、三〇三、八八一、五三〇	一、二七七、八〇七、〇九二	一、〇四〇、七七六、一一三	一、〇一二、四五〇、四〇四	九二五、四六八、〇一一	九七三、四六八、一〇三

備考　各關土貨出口包含復出口數在內洋貨進口亦未將復出口數剔去．

右表所列係各埠與外國直接往來貿易貨價。進口數中凡經由他埠輸入之洋貨皆未計算在內而出口數中則含有由他埠輸入之土貨之復出口數。(復出口往外洋)故僅依此表。尚無由確知洋貨進口淨數及土貨出口總數(即不含復出口數)茲更列表於後以示各埠洋貨進口之淨數、與土貨運往外洋及運往他口之總數。

各關貿易統計表　其二洋貨進口淨數及土貨出口總數

關名	貨價　年份	民國九年	民國八年	民國七年	民國六年	民國三年	民國二年
愛琿	洋貨進口淨數	七一六、八一九兩	二、六六五、四六〇兩	一、三三七、一九八兩	八一三、五一〇兩	六二七、〇三五兩	五一三、九三三兩
	土貨出口總數	三六三、四三六	三三五、七〇七	三三六、五〇一	二七九、一〇〇	三〇七、〇七二	二二二、〇一八
三姓	洋貨進口淨數	二九五、三〇〇	一七〇、五〇七	二〇〇、八五〇	二五一、五七二	二七七、六九七	三三八、六〇二
	土貨出口總數	四、一三七、〇一〇	一、八五二、〇九五	八四五、五九三	一、四五三、五五一	二、八一七、〇八七	二、五七二、〇七三
滿洲里	洋貨進口淨數	△	△	一一四、八八九	△	一〇、二〇九、一七二	一一、四一〇、六一七
	土貨出口總數	四、三三三、八八五	五、二五九、七四四	一、六六二、六七二	一一、二三七、六四八	一、六六六、九八六	一、七八〇、一九三

哈爾濱	洋貨進口淨數	△	△	△	△	△	△
	土貨出口總數	六六三、五一五	八九五、九八四	一、九六九、〇一七	二、二四三、四七八	四、四〇六、〇九二	四、六〇一、三九四
綏芬河	洋貨進口淨數	四、三二三、二四一	一〇、七一六、七三二	三、二〇九、一八六	三、六四八、九三七	五、七五九、一三八	七、二六三、九三七
	土貨出口總數	五、七三四、五七四	六、四九二、三三八	七、四四七、四九七	一七、九八二、五五〇	一一、六四六、六三一	一三、九一三、三三六
琿春	洋貨進口淨數	五七七、九七二	五八六、六三六	四三五、七七〇	三一五、〇九九	三五九、五〇四	三三四、〇三七
	土貨出口總數	二〇一、三一一	三七七、九一三	五〇八、九五九	四三一、一三七	二五四、三一九	四三一、二五一
龍井村	洋貨進口淨數	一、六四〇、〇六六	二、二三四、四〇六	一、五八二、四二五	五五四、四四四	五〇六、八二六	六七一、一九九
	土貨出口總數	五九三、五八五	一、〇八〇、九七三	一、一八七、六九〇	四六九、九三六	五八、六七三	一七四、三一五
安東	洋貨進口淨數	三四、一六五、九三四	三一、九八三、二四〇	二一、八八七、一〇九	二八、八二五、八五三	一三、一六一、七五一	六、八七〇、九六五
	土貨出口總數	一五、一一八、五六六	二五、四三六、四三六	一五、六二五、八五八	一二、七五二、三八〇	五、七四六、〇〇二	六、八一八、一五二
大東溝	洋貨進口淨數	一四、四〇七	二八、八四三	一三、三九九	六、八七二	一七、〇五一	一四、一四〇
	土貨出口總數	三一、二四五	三八、一二四	五八、二六六	五四、九一三	一六五、三七二	六七、八六〇
大連	洋貨進口淨數	七〇、二二〇、七一五	八九、四三〇、六二六	六八、七二〇、三四七	六三、一八一、六三〇	二九、五一六、六四二	二九、〇七三、三四一
	土貨出口總數	一二五、〇六六、二六三	一〇五、〇一〇、八六七	八六、〇一二、七三三	六三、一八七、二一〇	四五、一〇五、八〇七	三九、〇四七、七四三
牛莊	洋貨進口淨數	一五、六三五、六二八	一一、三三〇、三五八	九、二〇九、五六九	九、九三六、三九四	一三、五五三、二一九	一六、〇五〇、五七四
	土貨出口總數	一三、九九四、五四四	一八、三二五、四四九	九、五五〇、九九六	一〇、八一三、八七七	一六、二一七、五四九	二四、四八〇、〇八七
秦皇島	洋貨進口淨數	三、五〇〇、一七三	四、二九二、八六七	四、七七四、〇一五	二、六八八、五六〇	四、五四六、四六九	四、八三四、八八三
	土貨出口總數	一一、〇九五、九二六	九、五三九、五三七	六、三六四、八八八	六、三三三、七四六	六、八二二、九九五	四、二七五、七〇五
天	洋貨進口淨數	八九、二〇一、五二四	八五、三四八、三八〇	七三、八〇八、九三〇	六七、一九八、三四一	六八、七一〇、四一三	七〇、九〇〇、三六八

津	土貨出口總數	四四、五八八、五三〇	七一、五五〇、〇三三	五一、一九〇、〇五五	四三、一一八、八二四	三四、七〇一、七〇六	三七、八二八、六三三
龍口	洋貨進口淨數	二七五、四八六	三〇七、四三三	五〇〇、九六〇	四二六、二九四	—	—
	土貨出口總數	九二四、一四九	八三八、二五三	六七六、五四九	五二五、五八二	—	—
煙台	洋貨進口淨數	六、五六九、三九七	六、二一一、八四一	五、六四七、九二〇	七、七三九、一七六	八、四八九、七二〇	八、九〇五、〇二八
	土貨出口總數	一九、五九四、〇〇〇	一九、〇五〇、七二四	一六、〇九四、九一九	一五、三四一、一一五	一一、四六七、五四一	一四、一八四、三六三
膠州	洋貨進口淨數	二五、五五七、〇〇九	二〇、〇九一、一二四	三三、一九四、三八一	三三、五三八、三八三	一八、二〇四、〇一八	二六、二〇七、九一五
	土貨出口總數	三二、六五三、〇九八	三八、七四四、六〇八	二九、五二四、五四〇	二五、七一一、七七〇	一六、五九七、九九〇	二五、六九二、三七三
重慶	洋貨進口淨數	八、八六七、六七一	一〇、三八八、三五五	四、八四二、四五一	九、四九三、〇三七	一三、五一九、六三九	一二、二〇八、四六〇
	土貨出口總數	一三、五五四、七九七	一六、六六六、〇四二	一四、八七二、六二九	一五、〇一八、五二五	一三、八五九、一八八	一三、一三三、六三三
萬縣	洋貨進口淨數	四八〇、七〇一	六六七、八一二	八〇三、五九八	三七六、七〇六	—	—
	土貨出口總數	一、四九二、五六三	三、一一九、五一三	二、六八五、三〇四	一、二九七、六二九	—	—
宜昌	洋貨進口淨數	三、三三六、〇七一	二、四六五、八九〇	六八二、九四八	二、一五七、三五九	一、七三四、六二一	一、八四三、三一八
	土貨出口總數	一、〇〇一、七二六	一、四五〇、五三五	二、一四二、五九六	二、一五〇、二五七	二、六五四、三四九	三、〇三六、四二六
沙市	洋貨進口淨數	三、〇九三、五〇六	二、五八〇、六四七	三、一三四、八〇九	二、四〇四、六五六	三、〇四〇、四〇五	三、一八三、八三六
	土貨出口總數	一、四三四、八二三	一、五四五、三九〇	二、一六九、九七一	一、五四一、四〇八	八六四、八四二	八九六、四二二
長沙	洋貨進口淨數	一一、一七六、〇八一	一一、三九〇、一七三	八、五九二、五八四	九、二四二、四〇四	一三、六八一、九三一	一三、七七八、一五七
	土貨出口總數	一七、〇四四、〇四六	九、七二九、九六三	一〇、七四〇、四四六	一五、二三九、一一三	九、八〇九、〇七三	八、七一九、五二五
岳州	洋貨進口淨數	三、〇四一、一五〇	二、七四四、六二七	三、六四四、八三八	二、七四五、二八八	三、六五三、八三八	二、一三三、二五七
	土貨出口總數	四、八八〇、九二八	四、三三三、一〇二	五、六一〇、四一五	二、三三三、七〇二	二、〇七七、九七三	三、六三五、〇五〇

漢口	洋貨進口淨數	五八、七四〇、一六三	五三、九八六、〇三〇	四三、四一七、九六〇	四七、三一〇、五六〇	五一、〇三三、八六七	五二、八五〇、四一七
	土貨出口總數	八八、二〇八、二三九	一三四、九二〇、六五〇	一〇三、八二五、三三八	一〇一、六二三、二九〇	七六、六〇二、〇六五	八二、六六七、五六七
九江	洋貨進口淨數	一三、七三三、一九二	九、八五一、七六一	九、一三八、三四四	一三、五四四、〇六七	一三、八三〇、三八三	一二、一三〇、九一五
	土貨出口總數	二四、二〇五、七八五	二四、二八四、六八二	三一、一八〇、二九九	二三、二七一、一五〇	一六、四一五、六七五	一五、五一四、四九四
蕪湖	洋貨進口淨數	一一、五三一、一〇五	一〇、二七八、三五七	九、七五九、四六五	七、一四〇、六三八	八、二六二、七一七	七、四三七、六三〇
	土貨出口總數	二一、六〇八、六二九	三一、四〇八、六四五	三、九七二、七二八	七、五七三、〇三六	九、七三九、三〇九	九、八五九、〇〇一
南京	洋貨進口淨數	二一、三三三、〇三三	一六、八二一、二一一	一一、〇九五、五三九	一一、七四六、二三八	一一、六八五、七七七	六、四三七、五五四
	土貨出口總數	二五、〇二三、〇四五	二一、三六九、七二一	八、〇七五、四八二	七、四四〇、六〇三	五、二六五、九七五	五、八一〇、二二四
鎮江	洋貨進口淨數	一五、〇三五、二七六	一一、五〇五、八六六	一〇、四三五、五一五	八、八六六、八七二	八、九五三、〇三〇	九、二九〇、三四七
	土貨出口總數	五、三〇〇、三八〇	五、五三三、一九八	三、三八二、七三〇	三、三八八、五二一	六、一〇七、五四三	九、〇四〇、四二九
上海	洋貨進口淨數	三四、六三二、六八八	一九、六〇五、〇九三	八八、三八四、一八八	八九、二九九、八九二	九八、六六五、七五三	九八、五六七、四八四
	土貨出口總數	二三二、六六四、二〇一	二三七、七二一、七一九	一七五、〇八九、四七五	一四〇、一一九、七三四	八四、七六三、九三三	八三、九六六、四五三
蘇州	洋貨進口淨數	四、三一三、七七七	三、三一五、七七一	三、〇九〇、一三九	三、二七三、九三九	二、六三〇、〇八二	二、〇四三、六〇四
	土貨出口總數	一二、六九〇、九八七	一八、〇五五、四〇三	一四、一三四、一五四	一四、六一九、〇四七	八、〇三四、七七九	一三、七三六、七六六
杭州	洋貨進口淨數	五、五九八、五三一	四、五九三、〇八二	五、六三一、四〇三	五、七四一、一〇七	三、四九三、九五一	三、三三〇、九八五
	土貨出口總數	一〇、二四三、五一五	一一、一九六、五三〇	九、二六九、七八一	一一、三四八、四七二	一〇、八二七、九一九	一〇、八五五、三三〇
寧波	洋貨進口淨數	九、五〇九、九五二	九、二八〇、八六四	九、九〇一、八二八	九、三八八、三〇九	九、八一三、六三三	九、六三三、二九八
	土貨出口總數	九、九〇四、九八〇	一一、八一一、五七七	一四、一四一、八一三	一〇、六八四、〇八〇	九、四三六、八九七	八、七八七、五〇九
溫州	洋貨進口淨數	一、七七四、七七五	一、六三九、七八九	一、五〇五、九六三	一、二三三、二五五	一、三六九、七七六	一、三四二、五二二

州	土貨出口總數	一、四八四、〇九八	一、五〇二、六四九	一、〇二一、一三〇	一、二五〇、〇二九	一、一四三、三三六	一、〇四〇、七〇五
三都澳	洋貨進口數淨	一五四、七六九	一七二、四五〇	一六七、一二八	二六九、三五〇	二五四、五九六	二五五、七一二
	土貨出口總數	一、九二五、六一三	二、〇二七、五一三	一、四五二、八六二	二、〇四〇、九六八	二、一一五、二〇八	三、三〇〇、四七五
福州	洋貨進口淨數	五、一四九、二二五	六、五八一、五九〇	五、三一一、五八九	五、三九九、五三三	六、九一六、二四二	八、七五五、三三三
	土貨出口總數	一四、三三一、八八四	一〇、九三九、六〇五	七、三八八、四〇八	六、八七七、五七三	八、八一三、〇五一	九、六九三、三三七
廈門	洋貨進口淨數	九、八六五、六九九	九、四二一、二八一	七、四五〇、九二六	七、八五四、五三四	九、四六〇、〇二四	一〇、五九五、五三二
	土貨出口總數	三、七六八、九〇九	二、五九〇、四二七	二、四九四、八七六	二、五二七、五六六	二、八四四、四一四	三、三九一、七四三
汕頭	洋貨進口淨數	一三、三三二、一八五	一五、一〇六、八五〇	一三、七六九、六二九	一四、〇二三、六三九	一二、四四〇、〇五九	二〇、三〇二、三七六
	土貨出口總數	二四、四五四、九二六	一九、一六六、三六八	一五、一三四、七三一	一四、七九四、二一七	一三、五〇一、五三六	一三、〇二七、三〇〇
廣州	洋貨進口淨數	三一、〇九五、二四八	三〇、〇六七、五〇八	二七、二五四、三七二	二七、三〇八、二五〇	三四、三九五、九三一	三一、二六八、四三三
	土貨出口總數	六七、〇〇四、〇一五	七〇、八一二、五三四	五八、〇三〇、七九三	五五、四〇七、四五三	四九、七八三、一九三	六〇、九三八、〇一〇
九龍	洋貨進口淨數	二〇、四七六、三四二	二一、八五五、七六九	三三、二六九、二七九	三三、六三三、二八五	三〇、〇九〇、二七〇	二九、七三一、七九四
	土貨出口總數	一四、八三九、一四四	一五、一三五、六一六	一四、二八三、九八五	一四、一七二、六九〇	一〇、二四四、七八四	一三、八一二、五〇〇
九龍（廣九鐵路）	洋貨進口淨數	二、八六七、四三三	一、九六六、六九〇	二、一六四、〇一六	二、三八三、七六四	一、三三七、九五九	七一一、一三八
	土貨出口總數	一、三七二、八一五	八二五、八二七	七六九、六〇八	一、二三九、九〇〇	五〇〇、一一一	二六八、五三一
拱北	洋貨進口淨數	一三、七二四、七一五	七、九三三、四六六	八、三三六、六三一	一〇、六九五、六四四	一一、六三三、六八四	一一、八五〇、八三四
	土貨出口總數	五、〇六五、〇九二	五、一七〇、六〇二	四、八二一、〇五二	五、一六八、三九七	四、三五四、六三一	五、二三五、二五六
江門	洋貨進口淨數	五、一三四、三七三	三、二九八、一三六	三、四四九、八二五	三、七七七、二四八	五、五二五、六四二	六、八四一、一四〇
	土貨出口總數	一、四五四、一〇六	一、〇八五、七六六	一、一三五、五九八	一、四〇一、三八五	一、三五八、五三九	一、八一五、六四九

三水	洋貨進口淨數	二、七四八、二八四	二、七二四、三九九	二、五三〇、九三八	三、三八八、四〇七	四、一四〇、九一七	五、一三六、二八四
	土貨出口總數	一、五〇二、〇四〇	一、四一一、〇三八	一、四三八、五三六	一、九二四、七一七	二、〇七六、六六八	一、八〇五、五五一
梧州	洋貨進口淨數	九、〇六四、一八二	八、五〇五、四四八	七、五〇九、八四九	七、八六八、三九七	七、七四〇、九四四	八、〇四五、二六一
	土貨出口總數	六、五七一、七三三	六、一八一、八九四	六、三三二、七九四	五、九五六、一四五	三、七三六、四七七	三、七一二、三四〇
南寧	洋貨進口淨數	三、七三六、〇三三	三、九〇四、九四二	二、八三四、八三四	二、七五九、八四八	三、一九二、六五六	三、二六〇、〇〇〇
	土貨出口總數	二、七七二、〇一八	二、九七二、七一七	三、〇八七、一一八	三、三三〇、三八〇	二、八五七、八九七	三、三三〇、八二〇
瓊州	洋貨進口淨數	二、八八三、八五八	二、五五三、三九七	二、二八五、一三一	三、三五七、二三八	二、九八三、二三三	三、七八〇、〇三九
	土貨出口總數	二、五三五、六九一	二、九二一、六一一	二、一九五、六六二	二、四四九、六七一	二、五五八、三三八	二、六〇三、三四一
北海	洋貨進口淨數	一、九五八、八八五	一、七九六、九二四	一、三九七、四三五	一、六〇六、四五二	一、五一七、七六四	一、八四八、六四九
	土貨出口總數	二、一五七、〇二六	二、〇〇九、四六二	一、四三一、八〇五	一、一一一、三六〇	六七四、三九五	九、八、〇九一
龍州	洋貨進口淨數	六三、八七八	六八、七八九	九一、六八〇	五二、五五一	一一二、六三〇	九九、二五七
	土貨出口總數	二四、八四四	一三、八三〇	七、九二一	四、五三〇	一二、二六九	一〇、〇二四
蒙自	洋貨進口淨數	九、六〇一、二八四	八、五二三、二六〇	九、〇二七、〇七一	五、八六四、七一五	七、七七三、九三七	八、六一二、六四六
	土貨出口總數	一三、二五三、〇八三	九、八八六、六三八	一一、三九八、八一八	三、八六五、六六八	八、三七九、八三八	一一、〇六六、二七〇
思茅	洋貨進口淨數	二八五、五二七	一八九、三三七	二〇八、七六八	二三五、三七三	二三五、七二八	一八四、八九〇
	土貨出口總數	六一、四四三	三二、九九七	三一、四一九	二九、六三五	三五、九〇七	三九、三六〇
騰越	洋貨進口淨數	四、〇四二、五七〇	三、五〇五、二七一	二、五二七、三三六	二、二〇二、四一三	二、〇〇九、六八一	二、四〇一、七九八
	土貨出口總數	一、六〇五、二八〇	二、〇二九、三七五	一、四二五、五四七	七九四、四九八	五六二、八一九	七三〇、二七七
合	洋貨進口淨數	七七四、〇二八、七四四	六五二、八〇〇、四四〇	五五三、五一六、〇七二	五五二、四三九、〇六九	五六四、六二九、三一四	五七〇、〇六四、六一一

計						
土貨出口總數	九二二、四二三、〇二八	九八四、三六一、九二三	七六二、〇九二、五四七	七〇一、八〇〇、一六六	五二八、九九三、七二二	五七九、四四八、八五一
土貨出洋價值	五四一、六三一、三〇〇	六三〇、八〇九、四一二	四八五、八八三、〇三一	四六二、九三一、六三〇	三五六、三二六、六二九	四〇三、三〇五、五四六
土貨出口價值	三八〇、七九一、七二八	三五三、五五二、五一一	二七六、二〇九、五一六	二三八、八六八、五三六	一七二、六六七、〇九三	一七六、一四三、三〇五

備考　表中各埠洋貨進口淨數.無論自外洋逕運進口及由他埠復運進口.係將復運出洋及復運出口之數.均行除去.故與前表總數.未能符合.因前表係截洋貨由外洋逕運進口之數.且僅除復運出洋之數.而未除去復往他口之數故也.又其貨數.以歷年合計.大致不差.若以每年分計.不免稍異.因年底此口洋貨復運彼口.尚在途中.來年始到.故此口本年冊內已經除去.而彼口必待來年始能登冊.

△滿洲里洋貨復運出口多於進口.民國六年值五九四七九七三兩.民國八年值六三〇一三八三兩.民國九年值五四二二一七〇兩.

△哈爾賓洋貨復運出口多於進口.民國二年計值一一三六八一六兩.民國三年計值一四一九七二九兩.民國六年計值五三八一九九〇兩.民國七年計值三七四七八七五兩.民國八年計值四六六七四四五兩.民國九年計值四四九四八九九兩.

第五章　通商各國貿易概況

我國對外貿易.以日本為最多.香港.英.美.俄.印度.法.德.比等地次之.茲將光緒六年以來對各地貿易貨價之比例.表示於左.(單位百萬兩)

甲、進口貿易

	民國九年	百分比	民國七年	百分比	民國二年	百分比	宣統二年	百分比	光緒三十一年	百分比	光緒二十六年	百分比	光緒十六年	百分比	光緒六年	百分比
香港	一五九	二〇	一六二	二八	一七三	二九	一七二	三六	一四八	三三	九四	四三	七三	五六	二〇	二六
英國	一二二	一六	四九	九	九七	一七	七二	一五	八六	一九	四五	二〇	二五	一九	二二	二七
印度	三二	四	七	一	四八	八	四四	九	三五	八	一七	八	一〇	八	二八	三六
日本	二二九	二九	二三八	四二	一一九	二〇	七七	一六	六一	一三	二六	一二	七	五		
美國	一四三	一八	五八	一〇	三六	六	二五	五	七七	一七	一七	八	四	三		
德國	五				二八	五	二三	五	一五	三						

	民國九年	百分比	民國七年	百分比	民國二年	百分比	宣統二年	百分比	光緒三十一年	百分比	光緒二十六年	百分比	光緒十六年	百分比	光緒六年	百分比
比國	四	—	—	—	一六	三	一三	三	一〇	二	—	—	—	—	—	—
俄國	九	一	六	一	二三	四	一六	三	二	—	四	二	三	二	—	—
其他各國	八七	一一	五七	一〇	四九	八	四〇	八	二七	六	一九	九	八	六	九	一一
合計	七九九	一〇〇	五七七	一〇〇	五八六	一〇〇	四七七	一〇〇	四六一	一〇〇	二一三	一〇〇	一三九	一〇〇	八二	一〇〇

乙、出口貿易

	民國九年	百分比	民國七年	百分比	民國二年	百分比	宣統二年	百分比	光緒三十一年	百分比	光緒二十六年	百分比	光緒十六年	百分比	光緒六年	百分比
香港	一三六	二五	一一六	二四	一一七	二九	一〇九	二九	八一	二六	六四	四〇	三三	三八	一七	二二
英國	四五	八	二五	五	一六	四	一九	五	一八	八	九	六	一三	一五	二八	三六
美國	六七	一二	七七	一六	三八	九	三三	八	二七	三	一五	九	八	九	九	一二
日本	一四一	二六	一六三	三四	六五	一六	六二	一六	三五	一五	一七	一一	五	六	二	三
俄國	一四	三	一四	三	四五	一一	四六	一二	九	四	一三	八	九	一〇	四	五
法國	二二	四	三〇	六	四一	一〇	三九	一〇	一九	八	—	—	—	—	—	—
義國	五	一	九	二	八	二	一二	三	八	四	—	—	—	—	—	—
德國	一	—	—	—	一七	四	一三	三	五	二	—	—	—	—	—	—
比國	三	—	—	—	七	二	七	二	二	一	—	—	—	—	—	—
其他各國	一〇七	二〇	五二	一〇	四九	一二	四三	一一	二四	一〇	四二	二六	一九	二二	一八	二三
合計	五四一	一〇〇	四八五	一〇〇	四〇三	一〇〇	三八一	一〇〇	三一八	一〇〇	一五九	一〇〇	八七	一〇〇	七八	一〇〇

依右表觀之。各國在我國貿易上之地位。固已瞭若指掌矣。試更就主要各地大概情形。分述於左。

◎日本　中日貿易。在甲午戰爭以前。爲數甚微。自甲午戰爭以後。漸見發展。民國以來。愈形進步。尤以歐戰期間。乘各地貿易不振。獨占商場。迄於今。其勢力常凌駕各地而上之。貿易總數。年在四億萬兩左右。由日本進口之大宗貨物。爲棉紗、棉布、銅、煤、火柴、海味、紙、玻璃製品、無大小、糖、麥酒、傘、鐘錶等。出口往日本之大宗貨物。爲棉花、油餅、(用爲肥田料)豆、種子、生鐵、羊毛、蔴、生皮、豬鬃、繭、雞蛋、牛油、野蠶絲、漆、包蓆、草帽緶、木材、糠等。進出比較。常維持入超之勢。

英國◎ 中英貿易統計不多。然若以英屬印度、新嘉坡、澳洲、坎拿大及其他殖民地合併計算。則占我國貿易總數之半。在通商各地中。可謂最佔優勢者矣。今僅就英國言之。在光緒二十七年以前。於通商各國中。常居第一。迨後以日本貿易漸盛。降居第二位。自經歐戰。美國貿易發達。則又降居第三位。貿易總數。年在一億萬兩左右。進口貨以棉貨爲大宗。(英國棉貨、運進中國最多、宣統二年計值三千九百六十萬兩、占進口棉貨總數百分之四十四、若加算由香港運進之數、則占進口總數大半矣、)紙烟、鐵路材料、毛製品、鐵類次之。運往英國之貨物。以茶、豆、豬鬃、植物油、生皮、草帽緶、麵粉爲大宗。向來進口超過出口。約爲八與二之比。歐戰期間內。英國貿易。頗形減退。和平以來。又恢復原狀矣。

美國◎ 中美貿易。在歐戰以前。出口逐年增加。進口常見減退。出超蓋已久矣。自歐戰以來。由出超而轉爲入超。貿易之盛。亦次於日本。而居第二位。合進出貨價計算。年在二億萬兩左右。進口貨以煤油、棉花爲大宗。(民國二年進口煤油一千四百萬兩、棉布八百萬兩、共計二千二百萬兩、在進口美國貨物中、占十分之六有奇、)鐵類、紙煙、麪粉、木料次之。

俄國◎ 中俄貿易情形。最爲複雜。蓋有西伯利亞之陸路貿易。有黑龍江各口之貿易。(往來經由松花江黑龍江本支流)有太平洋各口之貿易。(往來經由海參崴等處)有歐洲各口之貿易。(往來經由黑海敖得薩等處)四者之中。以太平洋各口貿易爲第一。陸路貿易次之。黑龍江各口又次之。歐洲各口貿易最少。陸路貿易。進口最多。出口較少。黑龍江、太平洋、及歐洲各口。則出口最多。進口極少。由中俄貿易總數觀之。自宣統三年起。常在六千五百萬兩左右。民國四年、增爲七千五百萬兩。五年、更增爲九千萬兩。俄亂以來。次第減少。民國六年、減爲五千九百萬兩。七年、減爲四千三百萬兩。九年、更減爲二千二百萬兩。自來對俄貿易。出口超過進口。約爲二與一之比。出口貨。茶爲第一大宗。豆、雜糧、麵粉、牲畜、柴、種子、植物油、肉類次之。茶多運往海參崴、西伯利亞及敖得薩。豆、柴、種子、肉類。多運往海參崴。植物油、多運往黑龍江各口。雜糧、麵粉、牲畜。多運往海參崴及黑龍江各口。進口貨。紙煙、煤油、棉花、蔴袋、菸葉、衣服等最多。

印度◎ 中印貿易。向來進口最多。出口僅當進口之五分一。或六分一。民國七年。兩者忽呈相抵之現象。其進出貨價。自宣統二年起。常在四五千萬兩內外。民國五年至七年。中間大形減少。(民國七年、僅千四百萬兩。)則以(一)歐戰期內。印度貨物。多運銷英國。而(二)民國三年以後。進口鴉片。逐漸減少。至民國七年。竟完全絕迹。故也。歐戰以後。印度不能復往英國之貨物。轉又輸入我國。民國八年以來。又呈入超之現象。而進出貨價。亦復於四千萬兩左右矣。進口貨向以鴉片、棉紗、棉花、茶、蔴袋。爲大宗。其中鴉片、棉紗。尤占多數。現時鴉片進口絕迹。棉紗亦逐漸減少。則印度所產。多係粗紗。而中國漸多需要細紗故也。

法國　中法貿易。在戰前民國二年。達四千六百萬兩。歐戰以來。減爲三千萬兩。迄未恢復原狀。向來出口最多。進口僅當出口十分之一。蓋由我國蠶絲運往法國最多。（民國二年運往法國貨價三千九百十萬兩中。絲繭兩項。則有二千二百三萬兩。約占百分之五十六）此外草帽緶、生皮、芝蔴、綢緞、茶、花生。亦爲出口大宗。

德國　中德貿易。在歐戰以前。進步最著。光緒三十四年。僅二千一百十三萬兩。民國二年。增爲四千五百三十三萬兩。僅五年間。增加二倍以上。（據民國元年度德國通商局統計。是年由德國運至中國之貨。計值一八、七〇五、〇〇〇馬克。由中國運至德國之貨。計值一一五、二七九、〇〇〇馬克。合計一九六、九八四、〇〇〇馬克。換算我國海關兩。約爲六五、〇〇〇、〇〇〇兩。與我國海關統計。相差甚遠。（據海關統計爲三五、四六八、七七一兩）蓋由中德貿易。多經由荷比香港等處。上述德國之統計。係將經由荷比香港等處之貨。計算在內故也。據我國海關統計。中德貿易。不過占貿易總數之四·二%。若依德國統計。則占總數之八%）歐洲開戰。逐年減少。及我國對德宣戰。完全斷絕。直至民國八年以後。始稍復舊觀。中德貿易。向係進口超過。進口大宗。爲製成靛、五色染料、鐵路材料、鐵類、毛製品、紙等。出口大宗。爲芝蔴、生皮、茶等。

比國　中比貿易。亦爲進口超過。民國二年貿易總數。達二千三百三十八萬兩。歐戰發生。完全阻絕。休戰以後。比人亟謀恢商業。民國八年。僅四百餘萬兩。九年。增爲八百餘萬兩。出口大宗。爲生皮、植物油等。進口大宗。爲鐵路材料、製成靛、五色染料、玻璃等。

義國　中義貿易。向係出口超過。出口大宗。爲蠶絲、生皮、芝蔴等。其中蠶絲最多。

和蘭　中和貿易。出口超過時多。貿易總數。民國二年。爲一千萬兩。中經歐戰。頗受打擊。民國九年。又回復至一千四百萬兩。出口貨。芝蔴爲大宗。

其餘歐美諸國。如腦威、瑞士、西班牙、葡萄牙、中南美洲。貿易貨價。多不及百萬兩。

最後對於香港貿易。不能不一言之。蓋香港與上海。爲我國對外貿易之兩大門戶。外國洋貨。運銷我國南部各省者。必先至香港。而後分運各處。我國南部各省貨物。銷運外洋者。亦必先至香港。而後運往各國。俗所謂貿易中繼港是也。故不明香港貿易之內容。則我國與外國貿易之眞相。殊難明瞭。然而香港爲自由貿易港。向無貿易表册可憑。無已。則取證香港貿易管理局（歐戰時所設）公表之民國八年香港貿易統計。以明香港對各地貿易之概況。

民國八年香港貿易地區表

地區	進口	出口	共計
中國	一二、五八〇、八八〇兩	五二、八一二、三八〇兩	六五、三九三、二六〇兩
英本國	五、一二九、七八四	二、六九八、八一三	七、八二八、五九七
英國屬地	一四、六一六、三三六	一六、二九四、二三二	三〇、九一〇、五六八
澳洲	二、三三七、三一三	四六一、四九〇	二、七九八、八〇三
紐絲綸	五、九五四	四三、九四三	四九、八九七
坎拿大	四一九、九五〇	四八一、九八六	九〇一、九三六
印度	七、八五八、六五六	二、五四五、三九七	一〇、四〇四、〇五三
錫蘭	一〇、二七四	六六〇、五六五	六七〇、八三九
緬甸	三六七、八九〇	三六七、六八三	七三五、五七三
南非洲	五、七二七	一一七、二一三	一一六、九四〇
中非洲	一	—	一
東非洲	—	五、八一一	五、八一一
海峽殖民地及馬來聯邦	三四、三一九、三〇五	九、五三九、〇〇四	四三、八五八、三〇九
英屬北波羅島	二六三、七六三	一七五、四六三	四三九、二二六
西印度羣島	—	一、七二三、九六六	一、七二三、九六六
直布羅陀	—	一〇六、一七三	一〇六、一七三
瑪爾塔	九四	—	九四

毛里西亞斯	七、四三八	七一、六三八	七九、〇七六
亞丁	一六一	—	一六一
埃及	七、五六四	三七五、〇六二	三八二、六二六
美索波達米亞	六、四三〇	七九、九〇二	八六、三三二
日本	九、六五七、七七七	九、八三七、四〇四	一九、四九五、一八一
荷屬東印度	二、九六四、一四九	二、七三四、二三〇	五、六九八、三七九
安南	一三、五五七、二七一	八、七四七、八四五	二二、三〇五、一一六
暹羅	四、七八四、七七一	二、三三五、九四二	七、一二〇、七一三
飛律賓	六一九、四〇三	一、五五二、九一六	二、一七二、三一九
海參崴	八、六二一、一五一	六二、三一〇	八、六八三、四六一
美國	一七、七五九、〇一一	四、八七六、九四六	二二、六三五、九五七
中美洲	一、〇一七	一五五、九五七	一五六、九七四
南美洲	八、三一四	三九四、九一五	四〇三、二二九
北非洲	四七八	二五五	七三三
馬達加斯加	—	三、七一六	三、七一六
法國	一五一、六二二	五五〇、五二六	七〇二、一四八
義國	一七、四五九	一〇一、〇七二	一一八、五三一
西班牙	一九、一三二	六、七六二	二五、八九四
葡萄牙	三、五八七	—	三、五八七
腦威	六四、二三四	—	六四、二三四

瑞典	一五、二九一	—	一五、二九一
丹麥	三三、一〇五	二九、九四〇	六三、〇四五
和蘭	一一、九九〇	三〇六、三九九	三一八、三八九
比國	三、四四一	九三、三〇三	九六、七四四
瑞士	三七、六三一	三一	三七、六六二
德國	—	一、九七四	一、九七四
合計	九〇、六五一、七〇八	一〇三、九四二、九三四	一九四、五九四、六四二

備考　澳洲包含非濟羣島．弗林德里羣島．新喀尼多里尼亞．巴布亞．薩摩亞．木曜島及溫德華羣島在內．日本包含臺灣朝鮮在內．中美洲指哥斯德黎加．瓜地馬拉．閿都拉斯．尼加拉瓜．巴拿馬及聖薩瓦多．

觀右表。各地在香港貿易上之地位。進口則美國第一。安南第二。中國第三。日本第四。印度第五。海參崴第六。英國第七。出口、則中國第一。日本第二。英屬海峽殖民地第三。安南第四。美國第五。荷屬東印度第六。英國第七。此項統計。究非正確。何則。我國雲南廣西等處。與香港貿易。多經由安南故也。據一般人之推測。香港貿易。惟我國與日美兩國。實占其重要部分。故香港、在我國貿易統計上所佔之最大多數。其大部分。皆為我國對日、美、兩國、之、貿易、云。（就香港進出口船隻比較之、除往來中國者外、亦以日美爲最多、英國印度次之、表繁不列、

以上略述我國與通商各地貿易關係之一斑。茲將我國對各地進出貿易表列於左。以明其實際之趨勢。

直接往來貿易地區表

地名 貨價 年份		民國九年	民國八年	民國七年	民國六年	民國三年	民國二年
香港	進口	一五九、三一三、三三五兩	一五三、六三一、五四四兩	一六二、一九一、八一六兩	一五八、六〇二、四八八兩	一六七、九九三、八五二兩	一七一、六三六、〇九九兩
	出口	一三六、四六二、〇四三	一三一、四九五、二九六	一一六、九八八、〇二一	一一五、八四二、九四六	九四、四二八、五七一	一一七、一二八、六六一
	共計	二九五、七七五、三七八	二八五、一二六、八四〇	二七九、一七九、八三七	二七四、四四五、四三四	二六二、四二二、四二三	二八八、七六四、七六〇

澳門	進口	九、八三八、七九二	五、〇五三、四二六	四、二八四、九九三	四、六五四、〇九二	五、九四〇、三二一	六、五九六、一四八
	出口	四、七三六、八二〇	四、七一四、二〇六	四、五二七、七一六	四、九三九、四六九	四、二一五、九二一	四、九五二、三七八
	共計	一四、五七五、六一二	九、七六七、六三二	八、八一二、七〇九	九、五九三、五六一	一〇、一五六、一四二	一一、五四八、五二六
安南	進口	三、七五〇、一〇四	二、八七九、九二七	二、七五九、二八一	二、四六一、九七六	五、六一七、七三三	四、七八二、〇一一
	出口	二、六四三、四九五	一、七八六、一八九	一、五九三、五〇四	一、六二二、九八四	一、八〇七、七八〇	一、八八七、〇七三
	共計	六、三九三、五九九	四、六六六、一一六	四、三五二、七八五	四、〇八三、九六〇	七、四二五、五一二	六、六六九、〇八四
暹羅	進口	一七九、一六四	四二三、〇六〇	三九五、三六〇	五五三、八五二	九八、八七二	五二、二四七
	出口	二、六六二、七一五	二、七四二、一三七	一、九七二、〇三〇	二、三六六、〇七九	二、二三〇、一一六	二、〇二七、八九七
	共計	二、八四一、八七九	三、一六四、一九七	二、三六七、三九〇	二、九一九、九三一	二、三二八、九八八	二、〇八〇、一四四
新嘉坡等處	進口	七、八〇三、〇八三	一〇、一一五、六五六	一〇、三三一、五四四	六、八七七、七九二	七、六六三、七二〇	八、九三五、四一六
	出口	一六、五三八、九九五	一一、二二〇、七九二	六、四〇〇、五二二	六、六七四、八五二	六、九六八、五一九	七、五五三、七一〇
	共計	二四、三四二、〇七八	二一、三三六、四四八	一六、七三二、〇六六	一三、五五二、六四四	一四、六三二、二三九	一六、四八九、一二六
爪哇等處	進口	一〇、五六五、二〇三	六、八六四、三一六	八、五六四、八九七	四、五一五、六四一	六、五九四、二一一	六、八三六、七九二
	出口	四、〇二六、四四七	三、〇七二、三七七	二、五九二、〇〇六	一、七一三、七七八	二、九二三、三五四	二、六〇五、〇六一
	共計	一四、五九一、六五〇	九、九三六、六九三	一一、一五六、九〇三	六、二二九、四一九	九、五一六、五六五	九、四四一、八五三
印度	進口	三二、四九四、〇五九	二六、九八〇、七〇五	七、九八八、八九六	二六、九八九、一八四	三九、一四九、二五四	四八、二九二、一九〇
	出口	八、七五八、二五一	九、五九九、四一三	六、〇三七、八九二	六、九五〇、三八七	六、七七六、八一九	六、一九〇、三〇七
	共計	四一、二五二、三一〇	三六、五八〇、一一八	一四、〇二六、七八八	三三、九三九、五七一	四五、九二六、〇七三	五四、四八二、四九七
土波埃等處	進口	一、四七六、六五〇	七四〇、六三八	三八〇、〇六二	一三〇、七一七	一七七、三七九	一四〇、一八六
	出口	一七、四五七、六六二	一〇、五〇七、二四九	三、〇四七、八五三	一、三五三、五〇二	二、一五一、九三六	三、六九六、八五三

	共計	一八、九三四、三二三	一一、二四七、八八七	三、四二七、九一五	一、四八四、二二九	二、三三九、三一五	三、八三七、〇三九
英國	進口	一三一、七一九、九五二	六四、二九二、二三九	四九、八九〇、二九三	五二、九八九、一三五	一〇五、二〇七、五八〇	九六、九一〇、九四四
	出口	四五、八〇四、五三六	五七、一八六、二四二	二五、二六四、五八九	二六、〇八九、七五九	三三、五七六、七八一	一六、三四六、四一三
	共計	一七七、五二四、四八八	一二一、四七八、四八一	七五、一五四、八八二	七八、〇七八、八九四	一三七、七八四、三六一	一一三、二五七、三五[illegible]
腦威	進口	一、六四五、九三七	三一四、〇六八	八	二四七、五三九	四一九、九七五	三四七、五九〇
	出口	四〇三、七〇〇	一八二、二七五	九三	九、八二三	三、二六八	二、七〇六
	共計	二、〇四九、六三七	四九六、三四三	一〇一	二五七、三六二	四二三、二四三	三五〇、二九六
瑞典	進口	二、七七八、二九四	五七二、九二九	九、八六八	三四〇、一一三	一、一八七、〇五六	一、五四〇、九八九
	出口	六一三、五六一	一、四八八、八四八	—	一、六八〇	二三五、一六二	二二八、六五三
	共計	三、三九〇、八五五	二、〇六一、七七七	九、八六八	三四一、七九三	一、四二二、二一八	一、七六九、六四二
丹麥	進口	二八三、九六三	一八三、五八四	一九二	六七、四二四	三八一、五四九	一〇〇、八五一
	出口	五、〇〇三、六二二	三、二二一、一七八	五九八、五一二	一、六七八、八二三	六八五、八五一	二八九、四九五
	共計	五、二八七、五八五	三、四〇四、七六二	五九八、七〇四	一、七四六、二四六	一、〇六七、四〇〇	三九〇、三四六
德國	進口	五、四一七、七四四	三六八	—	—	一六、六九六、九四五	二八、三〇二、四〇三
	出口	一、七六一、三〇三	一六三、八六六	—	五〇	一三、〇六三、三二七	一七、〇三五、二二四
	共計	七、一七九、〇四七	一六四、二三四	—	五〇	二九、七六〇、二七二	四五、三三七、六二七
和國	進口	三、七五七、三八三	一一一、〇三〇	一、一一〇	三三、六二五	一、三七七、二七〇	一、四二三、八六四
	出口	一〇、五六五、一二七	一、七五六、五七五	三四	二六、三五六	五、〇八〇、二五六	八、六九二、四六五
	共計	一四、三二二、五一〇	一、八六九、六〇五	一、一四四	五九、九八一	六、四五七、五三六	一〇、一一六、三二九
	進口	四、九六九、九九四	二三八、七六一	—	七、五九七	一七、九四〇、二四三	一五、八三〇、八三八

比國	出口	三•二七二、八八七	三、九八七、二二三	—	—	五、四四〇、九〇八	六、五四六、三九八
	共計	八、二四二、八八一	四、二二五、九七三	—	七、五九七	二三、三八一、一五一	二三、三七七、二三六
法國	進口	四、八七八、五一九	三、三七五、八〇九	一、五六八、八五八	二、三〇九、一六〇	四、九五一、四七一	五、二九九、五一七
	出口	二一、〇一六、四四四	三四、二八五、九八九	三〇、四六九、六七七	二五、五三六、〇七九	二五、五九〇、九二四	四〇、七四九、七八二
	共計	二五、八九四、九六三	三七、六六一、七九八	三二、〇三八、五三五	二七、八四五、二三九	三〇、五四二、三九五	四六、〇四九、二九九
西班牙	進口	一八、九四〇	三、二〇五	二、六一〇	二、一三〇	二、三一八	三、三八六
	出口	四五、一七四	一、四九五	一八、四五一	一九、二七九	二五六、四九三	三八〇、九二一
	共計	六四、一一四	四、七〇〇	二一、〇六一	二一、四〇九	二五八、八一一	三八四、三〇七
葡萄牙	進口	一、〇三〇	四七九	—	—	一、五二六	一、一七三
	出口	—	—	—	—	二三、八〇一	一八、四四五
	共計	一、〇三〇	四七九	—	—	二五、三二七	一九、六一八
瑞士	進口	三、四八一、九三〇	一五、八三八	一三、六六三	六六二	七四、二七〇	五八、〇三四
	出口	六〇、九八〇	一一、一三八	三七	三、六九五	一五、三三九	四七、六九九
	共計	三、五四二、九一〇	二六、九七六	一三、七〇〇	四、三五七	八九、五九九	一〇五、七三三
義國	進口	三四一、九三四	九九一、五五六	三五六、六七四	四六七、九九九	七七七、八九六	六六三、六五一
	出口	五、五一八、三九八	五、一四四、二九二	九、六三四、七八〇	三、九〇五、八二四	五、七六五、六四四	八、三一八、〇三八
	共計	五、八六〇、三三二	六、一三五、八四八	九、九九一、四五四	四、三七三、八二三	六、五四三、五四〇	八、九八一、六八九
奧國	進口	二八一、九三七	—	—	一、〇三五	二、二九三、四四三	四、一二一、九一三
	出口	二、〇八一、六〇五	一、〇三一、七三六	—	—	一、二六六、七八五	一、五五〇、一七五
	共計	二、三六三、五四二	一、〇三一、七三六	—	一、〇三五	三、五六〇、二二八	五、六七二、〇八八

俄國	歐洲各口	進口	二三八	一三、一九九	一二、七三四	三五、六七九	一、〇六八、六五七	二九三、五九六
		出口	四、六一〇	三四、四一三	八三	四七七、八一三	四、二三八、九六六	四、九八七、七二五
		共計	四、八四八	四七、六一二	一二、八一七	五一三、四九二	五、三〇七、六二三	五、二八一、三二一
	由陸路	進口	三、五二一、八三五	一、七二四、六〇三	一、四三四、一〇六	二、九三三、五一五	一一、二九八、五二九	一二、二五八、一八〇
		出口	四、二五九、四二〇	五、五一六、五一七	一、九七二、三五七	一三、四三八、二七四	三、九六五、九八〇	三、〇九五、八二六
		共計	七、七七一、二五五	七、二四一、一二〇	三、四〇六、四六三	一六、三七一、七八九	一五、二六四、五〇九	一五、三五四、〇〇六
	黑龍江各口	進口	三八〇、五七七	九五、二八一	二六五、〇〇八	一五四、一九三	六四〇、八六八	五一五、〇三〇
		出口	三、一五五、二三八	三、〇九九、二六三	一、五九三、二二七	七、〇八五、八六二	八、三四九、五二四	七、九六九、〇六三
		共計	三、五三五、八一五	三、一九四、五四四	一、八五八、二三五	七、二四〇、〇五五	八、九九〇、三九二	八、四八四、〇九三
	太平洋各口	進口	五、七三二、六八一	一二、二三八、二五一	四、六七六、八三〇	八、〇九四、三四八	九、二六七、三四四	九、〇八六、〇八二
		出口	七、〇六二、一二五	一二、六六一、三三五	一一、〇三七、六六二	二八、七四八、五五七	二六、七八四、八四三	二八、八六八、八二三
		共計	一二、七九四、八〇六	二四、八九九、五八六	一五、七一四、四九二	三六、八四二、九〇五	三六、〇五二、一八七	三七、九五四、九〇五
朝鮮		進口	一〇、三一四、三七四	九、四三一、四五〇	一〇、四五七、二二二	一一、八四三、〇〇六	四、五〇〇、五七九	三、五二六、八八一
		出口	二三、三四五、七四三	二三、六一七、九五四	一三、六八五、四〇一	八、五一八、九三四	五、〇一一、五五七	六、八二二、九六八
		共計	三三、六六〇、一一七	三三、〇四九、四〇四	二四、一四二、六二三	二〇、三六一、九四〇	九、五一二、一三六	一〇、三四九、八四九
日本（臺灣在內）		進口	二三九、一三五、八六六	二四六、九四〇、九九七	二三八、八五八、五七八	二三一、六六六、八九一	一二七、一一九、九九二	一一九、三四六、六六二
		出口	一四一、九二七、九〇二	一九五、〇〇六、〇三三	一六三、三九四、〇九二	一〇五、七七三、八一九	六四、六一六、〇五九	六五、五四四、一八六
		共計	三七一、〇六三、七六八	四四一、九四七、〇二九	四〇二、二五二、六七〇	三三七、四四〇、七一〇	一九一、七三六、〇五一	一八四、八九〇、八四八
飛律賓		進口	一、四九八、〇二四	二、五四七、九一一	三、一九三、五二四	一、七〇六、六七九	一、九四四、一七七	一、三九二、六一九
		出口	二、三八四、九四五	一、九九〇、二五四	二、一五三、二二七	一、五六二、二八五	一、一五一、一九六	七六二、六四三

共計	三、八六二、九六九	四、五三八、一六五	五、三四六、七五一	三、二六八、九六四	三、〇九五、三七三	二、一五五、二六二
坎拿大 進口	二〇、一八二、一〇〇	一八、八八七、八六六	一〇、三五五、五六二	九、〇九四、三四七	一、一六六、九四四	一、八六五、七三五
坎拿大 出口	一、〇三九、二六三	四、一八一、〇三三	四、一〇五、六一五	二、六八六、五三三	七九四、〇六一	六五二、三七〇
坎拿大 共計	二一、二二一、三六三	二三、〇六八、八九九	一四、四六一、一七七	一一、七八〇、八六九	一、九六一、〇〇五	二、五一八、一〇五
美國（檀香山在內） 進口	一四三、一九八、九六三	一一〇、二三六、七〇六	五八、六八六、〇四四	六〇、九六〇、七七七	四一、一三一、六五四	三五、四二七、一九八
美國（檀香山在內） 出口	六七、一一一、四五一	一〇一、一一八、六七七	七七、一三四、二〇五	九四、七八六、二二九	四〇、二一三、〇六五	三七、六五〇、三〇一
美國（檀香山在內） 共計	二一〇、三一〇、四一三	二一一、三五五、三八三	一三五、八二〇、二四九	一五五、七四七、〇〇六	八一、四四四、七一九	七三、〇七七、四九九
墨國及中美洲 進口	二、〇八一	八六七	四六	三八、六八八	三八四、三五八	七
墨國及中美洲 出口	六、五五〇	四、〇五二	四七	五、一七八	一七、七九〇	五九、〇九八
墨國及中美洲 共計	八、六三一	四、九一九	九三	四三、八六六	四〇二、一四八	五九、一〇五
南美洲 進口	三	一〇、四九三	一五	一一	一	一七三
南美洲 出口	二五七、三七二	一八六、〇二一	二〇二、五八九	四四、五三二	四三、七〇〇	六六、一一一
南美洲 共計	二五七、三七五	一九六、五一四	二〇二、六〇四	四四、五四三	四三、七〇一	六六、二八四
澳洲紐絲綸等處 進口	一、〇〇五、二三六	六三三、七八二	九五六、五四五	五八五、二〇五	一、〇三八、九九六	七〇二、〇一七
澳洲紐絲綸等處 出口	一、四七三、八〇〇	七三三、四四八	一、三四〇、九五一	一、〇二七、三七〇	四九七、〇六九	五三六、三四三
澳洲紐絲綸等處 共計	二、四七九、〇三六	一、三六七、二三〇	二、二九七、四九六	一、六一二、五七五	一、五三六、〇六五	一、二三八、三六〇
南非洲 進口	二九二	—	七、四六四	一五、八三九	一二一	九
南非洲 出口	一七〇、一一六	四九、九〇七	一一七、八五八	四一、八九一	三六、二七四	六二、七三五
南非洲 共計	一七〇、四〇八	四九、九〇七	一二五、三二二	五七、七三〇	三六、三九五	六二、七四四
洋貨進口總數	七九九、九六〇、二〇六	六七九、五二九、五四四	五七七、六四三、八〇三	五七七、三八一、三三九	五八四、二〇九、〇〇三	五八六、二九〇、四三一

洋貨復出口數	三七、七〇九、九七六	三一、五三一、八六三	三、七五〇、七三一	二七、八六二、五六五	一四、九六七、六二二	一六、一二七、八七四
合計 進口	七六二、二五〇、二三〇	六四六、九九七、六八一	五五四、八九三、〇八二	五四九、五一八、七七四	五六九、二四一、三八二	五七〇、一六二、五五七
合計 出口	五四一、六三一、三〇〇	六三〇、八〇九、四一一	四八五、八八三、〇三一	四六二、九三一、六三〇	三五六、二二六、六二九	四〇三、三〇五、五四六
合計 共計	一、三〇三、八八一、五三〇	一、二七七、八〇七、〇九二	一、〇四〇、七七六、一一三	一、〇一二、四五〇、四〇四	九二五、四六八、〇一一	九七三、四六八、一〇三

第六章　進出口之金銀

金銀進出口情形。歐戰以前。金則出口超過銀則進口超過。惟出口之金終不抵銀進口之鉅故二者合計仍屬進口多於出口。歐戰期內銀價昂貴銀則出口超過。金則進口超過。及歐洲休戰。仍復原狀。民國九年進口金值五千九十六萬六千兩。出口金值六千八百四十六萬九千兩。計出口超過一千七百五十萬二千兩。進口銀值一億二千六百三十五萬四千兩。出口銀值三千三百七十一萬五千兩。計進口超過九千二百六十三萬八千兩。金由美國進口者一千九百二十五萬四千兩。由香港澳門進口者一千六百三十五萬兩。由西伯利亞進口者一千一百四十六萬一千兩。由日本進口者三百八十八萬一千兩。出口往日本者四千一百四十七萬六千兩。往香港澳門者一千五百九十八萬七千兩。往朝鮮者五百三萬六千兩。往印度等處者四百二十八萬二千兩。往美國者一百四十二萬三千兩。銀由美國進口者六千三百四萬兩。由香港澳門進口者四千六百八十九萬六千兩。由歐洲進口者一千一百二十二萬九千兩。由日本進口者三百五十四萬二千兩。由印度緬甸等處進口者一百五十萬七千兩。出口往香港澳門者二千九百十三萬三千兩。往日本者一百五十五萬二千兩。往美國者一百三十萬九千兩。往印度緬甸等處者百萬兩。

茲將最近十二年金銀進出口情形列表於左。

○金銀進出口統計表(單位海關兩)

年份	進口 金	進口 銀	出口 金	出口 銀	備考
宣統元年	一、〇一三、七九七	三〇、八六四、三〇八	七、八三五、一六七	二四、〇一三、六七一	金出超、銀入超、

宣統二年	三、五五九、四二四	四四、五九八、五三四	四、五三六、二五二	三三、八〇三、八八七	同前
宣統三年	四、〇二三、五三〇	六一、〇八二、九五七	二、四九〇、六四八	三三、七七六、九五五	金入超、銀入超、
民國元年	九、二九六、五二八	四五、〇九八、二九七	一、八三八、四二三	二五、八四九、六四五	同前
民國二年	三、〇六五、二九〇	五五、七二一、四九〇	四、四五〇、八九〇	一九、七四三、一三六	金出超、銀入超、
民國三年	八六一、一六七	一六、四九八、七四四	一三、八六一、九一七	三〇、一三一、六九三	七月歐洲開戰、金出超、銀出超、
民國四年	八一八、八二七	二〇、七一七、五〇六	一八、二一一、〇四〇	三九、〇九九、八二〇	金出超、銀出超、
民國五年	一九、九〇三、一一七	三七、〇八八、三三〇	八、一〇三、二六八	六五、七六六、四四六	金入超、銀出超、
民國六年	一三、八七一、七七八	二七、五〇七、二九二	五、〇二四、五七五	四八、四九〇、三九〇	同前
民國七年	一、二三八、三四二	三六、一二四、二三九	二、二八一、六五九	一三、六二九、三〇二	金出超、銀入超、
民國八年	五一、〇七八、六四三	六二、〇九三、七〇七	九、八九六、四二九	八、九六八、四一八	金入超、銀入超、
民國九年	五〇、九六六、八八〇	一三六、三五四、三八八	六八、四六九、三六〇	三三、七二五、四一〇	金出超、銀入超、

○金銀進口地區表（單位海關兩）

地區	民國九年		民國八年		民國七年	
	金	銀	金	銀	金	銀
歐洲	—	二一、三三九、六六二	—	六五四、一三九	—	二、四五九
美洲	一九、三五四、七六六	六三、〇四〇、七三八	二九、〇一七、六〇八	四三、七三五、一三三	—	一五、二九九、〇三〇
澳洲	—	二六、三〇七	—	二四七、一五〇	—	—
印度緬甸等處	—	一、五〇七、八八八	—	一八八、二九九	—	八七六、六七八
新嘉坡等處	六、〇四〇	六五、八八八	三四二、三五五	三五、〇〇〇	一、五〇〇	—
西貢東京	一、四六〇	—	八三〇、四〇八	一四九、五〇〇	三、〇〇〇	五六七、四〇〇

地區	民國九年金	民國九年銀	民國八年金	民國八年銀	民國七年金	民國七年銀
暹羅	—	三八、二〇〇	—	六八、三三三	—	二八、〇〇〇
香港澳門	一六、三五〇、五九三	四六、八九六、四五〇	九、四一四、七七八	三、六二四、二二七	一一、一五三、六四二	一三、八二四、〇七九
小呂宋	—	—	四三、一四七	—	—	—
日本台灣	三、八八一、九二一	三、五四二、五六五	三、六二八、九五五	三、六五四、九八三	四一、四〇〇	五、五三六、五四七
朝鮮	一三七	四〇〇	三七五	—	—	—
西伯利亞	一一、四六一、九六三	—	—	—	—	—
海參崴	—	六、二九〇	八、八〇一、〇一七	一、七三六、九四三	—	—
共計	五〇、九六六、八八〇	一二六、三五四、三八八	五一、〇七八、六四三	六三、〇九三、七〇七	一、一三六、三四二	三六、一二四、一三九

○金銀出口地區表

地區	民國九年金	民國九年銀	民國八年金	民國八年銀	民國七年金	民國七年銀
歐洲	—	—	九三六、四三六	—	—	—
美洲	一、四三三、六〇〇	一、〇三九、四九〇	—	九、一八二	四、四八八	一、〇七七
印度緬甸等處	四、二八二、五四一	一、〇〇〇、三九一	四四四、七〇四	一〇〇	—	三、三四〇、三六六
新嘉坡等處	九、三五五	二四、八九九	—	—	—	二二、九七〇
西貢東京	二五三、六三二	七〇六、〇〇〇	一八七、二五〇	一、一九七、六三二	—	一、一三九、一八〇
暹羅	—	一三八、一三三	一三、三九九	六八、六六六	一八、八六七	一三、二〇〇
香港澳門	一五、九八七、二六三	二九、一三三、〇九九	八、三二三、三七七	七、〇八四、二〇六	三、三三四、〇四六	八、一三五、一一九
爪哇等處	三五八	一一、七一五	—	七、六〇四	—	九五、四七六
日本台灣	四一、四七六、五八二	一、五五二、四二四	—	四八九、〇一六	一三、九四一	八二五、〇七六

朝鮮	五、〇三六、〇一九	—	一、二六四	三、三三〇	一〇、三一七	四七
海參崴	—	一一九、二五九	—	一〇八、六五二	—	五七、七九一
共計	六八、四六九、三六〇	三三、七一五、四一〇	九、八九六、四二九	八、九六八、四一八	二、二八一、六五九	一二、六二九、三〇二

大抵金銀進出。皆視價格漲落爲轉移。商人視金銀與貨物相同。價賤則收入。價貴則放出。當歐戰開始之時。金價極高。多運出洋。其時美國需金最急。故運往美國亦最多。（民國三年出口金值一千三百八十六萬一千九百十七兩、往美國者四百三十九萬七千五百三十一兩、往日本者六百十九萬八千六十一兩、其中大部分亦由日本轉往美國、民國四年出口金值一千八百二十一萬一千四十兩、往美國者一千二百萬七千四百三十三兩、半由該國金價本高、半由德國商務停頓、滙票不通、無由兌付、不能用現金）民國五年以後。金價漸低。又復運進。中經日美各國禁止運金出口。進口稍受影響。迨金禁一弛。又爭先購入。內地人民。亦競出其現銀以購金。遂致民國八年進口超過四千一百十八萬二千二百十四兩。及民國九年。金價漸漲。又爭運出洋。出口超過一千七百五十萬二千四百八十兩。民國二年以前。我國本爲現銀入超之國。及歐戰各國添鑄貨幣。銀之需要加多。乃轉運出洋。民國三年至六年。我國遂爲現銀出超之國。而外國銀行。視銀爲貨物。比較行市有利可圖。則運銀出口。當銀價極昂之時。新嘉坡銀元(Straits dollars)印度盧比(Rupees)及日本銀圓。其質重過滙價。燬以購金。可獲厚利。故印度、日本、新嘉坡、暹羅及英美各國。均禁止運銀出口。現銀來源斷絕。民國六年。內地市面。不敷周轉。故自七年起。又呈入超之現象。

第七章　進出口之船隻

現時出進各口岸之船隻。從事各口互相貿易（即沿岸貿易）及往來外洋貿易者。約有二十一萬隻一億四百二十六萬噸。如左表。

◎出入船隻種類表

年份	輪船 隻數	輪船 噸數	帆船 隻數	帆船 噸數	共計 隻數	共計 噸數
光緒三十一年	八八、三六二	六六、三七二、六二四	一三五、五九七	六、三八二、九二三	二二三、九五九	七二、七五五、五四七

光緒三十二年	八七、九四九	七〇、一一七、六二八	一二〇、五九八	五、七〇三、二六〇	二〇八、五四七	七五、八一九、八八八
光緒三十三年	九一、三八〇	七四、一三〇、三七六	一二六、五五二	五、九九九、〇四八	二一七、九三三	八〇、一〇九、四二四
光緒三十四年	八六、六〇〇	七七、九五五、五三五	一三一、〇〇五	六、〇三五、七六四	二〇七、六〇五	八三、九九一、二八九
宣統元年	八七、八〇二	八〇、六一三、八九〇	一二〇、七一四	六、一五七、九一九	二〇八、五一六	八六、七七一、八〇九
宣統二年	九六、一九六	八二、三三七、三三一	一三三、六一四	六、四三九、三五八	二一九、八一〇	八八、七七六、六八九
宣統三年	九〇、一七七	八〇、二三八、〇五六	一〇四、〇七五	五、六九一、四五五	一九四、二五三	八五、九二九、五一一
民國元年	九二、七〇三	八二、三八八、九六七	九〇、〇七六	五、一七三、七八一	一八二、七七九	八七、五六二、七四八
民國二年	一〇〇、八六〇	八七、六一三、九六九	八九、八七八	五、七二〇、八六一	一九〇、七三八	九三、三三四、八三〇
民國三年	一〇八、一一八	九一、一三六、二四〇	一一三、四七三	六、八五七、九七三	二三〇、五九一	七七、九八四、二一三
民國四年	一〇三、九六三	八四、六四一、三三七	一〇三、九二四	六、〇二一、七七八	二〇六、八八七	九〇、六六三、〇〇五
民國五年	一〇五、二九六	八三、三八一、五六九	九六、七二〇	五、六三八、五三二	二〇二、〇一六	八八、〇二〇、一〇一
民國六年	一〇四、九四四	八〇、二六六、七三五	一〇八、五三九	六、六四〇、三二四	二一三、四七三	八六、九〇七、〇四九
民國七年	九八、四二〇	七四、二〇一、三七二	九五、一四七	六、〇四六、三三四	一九三、五六七	八〇、二四七、七〇六
民國八年	一一三、五六四	八九、八四四、三七一	九七、一九〇	五、八八一、五六四	二〇九、七五四	九五、七二五、九三五
民國九年	一三一、三三八	九九、六四二、二一〇	八九、二七一	四、六二四、四八五	二一〇、六〇九	一〇四、二六六、六九五

更觀此等船隻之國籍。以隻數言中國固最占多數。以噸數言則英國最多中國、日本次之美國更次之。如左表。

◎出入船隻國籍表

船籍	民國九年		民國八年		民國二年	
	隻數	噸數	隻數	噸數	隻數	噸數
美國	五、五四七	四、七一八、二五一	四、四三三	二、五六九、八八七	二、四五八	八九八、七五〇

與國						
與國	—	—	—	—	八四	二八五、八〇三
英國	三九、五四三	四〇、三一五、七〇七	三六、〇七四	三六、二八四、三三三	三三、一八六	三八、一二〇、三〇〇
丹麥	七八	一八四、一六四	九三	一八五、六九七	八六	一三三、七三三
和國	四〇九	五五八、八二〇	三六二	四六一、七八二	二九三	四〇一、〇七七
法國	六〇三	八五二、九七九	四七一	四一四、一六一	一、〇二〇	一、二三二、七六三
德國	—	—	—	—	五、三八二	六、三三〇、四六六
義國	三一六	一九五、九〇〇	二九八	五三、一四二	—	—
日本	二五、一五三	二六、一九一、五九二	二七、一八二	二七、五三三、四四九	三、七一六	二三、四三三、四八七
瑙威	四七一	四一八、五一一	三一一	三〇二、九五九	六三七	七三九、三三八
葡萄牙	五五六	九八、八六四	一一八	五〇、二九二	八一六	一二八、三三〇
俄國	二、四六六	九三三、五五六	二、八〇三	七〇八、四七四	三、二六五	一、六六七、七九六
瑞典	三三	七〇、四一八	一八	五三、六五〇	二七	七一、〇六五
無條約國	六九	七四、六二四	一六	一九、三六八	—	—
中國洋船	五〇、七九一	二三、六三二、一九八	四九、〇四三	三三、五五三、四四八	三六、一三六	一四、七四四、三三五
中國民船	八四、五八六	四、〇二一、一一一	八八、五三三	四、五三六、三一四	八五、六三二	五、一五九、六一九
共計	二一〇、六〇九	一〇四、二六六、六九五	二〇九、七五四	九五、七二五、九三五	一九〇、七三八	九三、三三四、八三〇

更就貿易種類以覩各國船隻。則外國貿易。以英船爲最多。日本次之。中國美國又次之。各口互相貿易。以中國船爲最多。英船次之。日本又次之。如左表。

●各國船隻貿易種類表（貿易額單位海關兩）

其一（民國九年）

船籍	進出船隻 隻數	進出船隻 噸數	外國貿易 進口	外國貿易 出口	各口互相貿易 進口	各口互相貿易 出口	貿易總數
美國	五、五四七	四、七一八、二五一	七三、八四八、一七八	四一、九九五、九五三	一五、〇九六、九九五	一四、七六三、〇〇三	一四五、七〇四、一二九
英國	三九、五四三	四〇、三一五、七〇七	三一七、九二五、〇六〇	二〇〇、六三四、六八七	三二四、五一七、九二一	三一九、八四八、五一三	一、一六二、九二六、一八一
丹麥	七八	一八四、一六四	五、三三四、一一三	三、九四二、五八五	一一四、一〇七	七四、五〇四	九、四五五、三三八
和國	四〇九	五五八、八二〇	九、八二二、二八六	七、〇二〇、七三八	四二、二四六	一三二、〇九三	一六、九九七、三六三
法國	六〇三	八五二、九七九	一九、七八一、八九一	二三、五三三、八二三	一、一六二、九一六	一、一五四、二六四	四五、六三〇、八九四
德國	—	—	—	—	—	—	—
義國	三一六	一九五、九〇〇	七八〇、〇四八	二、七一七、三二六	一八五	—	三、四九七、四五九
日本	二五、一五二	二八、一九一、五九二	二八七、一五二、〇四四	二一九、四三一、九五三	一〇一、二二七、六八八	九九、三九八、八四九	七〇七、二一〇、五三四
腦威	四七一	四一八、五二一	一、三八五、一七九	九二三、七五七	三、六九九、七一五	四、八二八、八四一	一〇、八三六、四九二
葡國	五五六	九八、八六四	八四六、四四三	七〇四、九六七	一八、八五七	一八、七〇四	一、五八八、九七一
俄國	二、四六六	九三三、五五六	九、〇七五、二三四	二三、三三八、七五一	四、三六九、七五六	五、一一三、二〇四	四一、九〇五、九四五
西班牙	—	—	—	—	—	—	—
瑞典	三	七〇、四一八	一、六七六、七六一	二、一五三、九五三	—	—	三、八三〇、七三四
無條約國	六九	七四、六二四	一〇四、八二三	一九九、六六二	六、八六三	五、六〇七	三一六、九五四
中國	一三五、三七七	二七、六五三、三〇九	七二、二四八、一〇八	五二、七四五、二二二	三三六、三四五、一五六	三二四、九二〇、七五九	七七六、二六九、二四四
共計	二一〇、六〇九	一〇四、二六六、六九五	七九九、九六〇、二〇六	五七九、三四一、二七六	七七六、六〇一、四〇五	七七〇、二五七、三四〇	二、九二六、一六〇、二三七

其二（民國八年）

船籍	進出船隻 隻數	進出船隻 噸數	外國貿易 進口	外國貿易 出口	各口互相貿易 進口	各口互相貿易 出口	貿易總數
美國	四、四三三	二、五六九、八八七	四四、八四四、八四五	三四、四五六、九八二	一一、六九七、四〇五	一〇、九三六、六六一	一〇一、九三五、八九三
英國	三六、〇七四	三六、二八四、三一三	二九、七一一、〇九三	二三、五〇〇、九七三	三〇一、二八五、五三八	三〇一、六九八、一四四	一、〇四五、一九五、七四八
丹麥	九三	一八五、六九七	一、三七八、二七五	四、九九八、六二九	一六二、九二一	四一、〇一三	六、五八〇、八三八
和國	三六二	四六一、七八二	九、四七一、二四一	二、五〇三、五一一	二三五、九六〇	七一七、一一三	一二、九二七、八三四
法國	四七一	四一四、一六一	一一、四五六、二四一	二六、三八三、一八五	三一四、二八三	八四三、二二六	三八、九九六、九二五
德國	—	—	三六八	—	—	—	三六八
義國	二九八	五三、一四三	四〇、四〇〇	四五八、六四四	一二、五六六	一〇、七八〇	五二二、三九〇
日本	二七、一八二	二七、五三六、四四九	三〇五、三九六、一四八	二八三、三七六、〇二四	一五三、一五九、七七五	一四五、八二六、六七七	八八七、七五八、六二四
瑙威	三一一	三〇二、九五九	二、六九四、四三〇	四、六八三、〇二六	三、九〇九、三〇七	四、二七四、五二一	一五、五六一、二七四
葡國	一一八	五〇、二九二	六九六、四三九	九〇九、〇二五	一四、八八六	一〇、五七七	一、六三〇、九二七
俄國	二、八〇三	七〇八、四七四	一三、六八〇、四二八	三三、〇八三、三一三	二、三四五、九一六	三、八八九、四五三	五二、九九九、一〇九
西班牙	—	—	—	—	—	—	—
瑞典	一八	五三、六五〇	三八八、一八一	二、〇五三、三四四	—	—	二、五四〇、五二五
無條約國	一六	一九、三六八	一、一一一	五三、八九六	七四九	—	五五、七五六
中國	一三七、五七五	二七、〇八九、七六二	六九、六七〇、三四四	四七、八八一、七二三	三〇六、〇八〇、八三七	三〇一、八七二、一五二	七三五、五〇五、〇五六
共計	二〇九、七五四	九五、七二五、九三五	六七九、五二九、五四四	六六三、三四一、二七四	七七九、一三〇、一四三	七七〇、一三〇、三〇六	二、八九二、二一一、二六七

備考　外國貿易出口數中有洋貨復出口數．各口互相貿易．則出口數中有洋貨復出口數．進口數中有洋貨復進口數．

試就貿易船籍。計其百分比。則如左表。

◉各國船隻噸數及貿易額指數表

船籍	民國九年 進出船隻 隻數	民國九年 進出船隻 噸數	民國九年 貿易額 外國貿易	民國九年 貿易額 各口互相貿易	民國九年 貿易額 共計	民國八年 進出船隻 隻數	民國八年 進出船隻 噸數	民國八年 貿易額 外國貿易	民國八年 貿易額 各口互相貿易	民國八年 貿易額 共計
美國	二·六三	四·五三	八·四〇	一·九三	四·九八	二·一二	二·六八	五·九一	一·四六	三·五三
英國	一八·七八	三八·六七	三七·六〇	四一·六六	三九·七四	一七·一三	三七·九〇	三三·九三	三八·九二	三六·一四
丹麥	〇·〇四	〇·一八	〇·六七	〇·〇一	〇·一三	〇·〇四	〇·二〇	〇·四八	〇·〇三	〇·一三
和國	〇·二〇	〇·五四	一·三三	〇·〇一	〇·五八	〇·一七	〇·四八	〇·八九	〇·〇六	〇·四五
法國	〇·二九	〇·八二	三·一四	〇·一五	一·五六	〇·一三	〇·四三	二·八二	〇·〇七	一·三五
義國	〇·一五	〇·一九	〇·二五	—	〇·一三	〇·一四	〇·〇六	〇·〇四	—	〇·〇三
日本	二·九四	二七·〇四	二六·七三	三·九七	二四·一七	三·九六	二八·七六	四三·八四	一九·三〇	三〇·六九
瑙威	〇·一三	〇·四〇	〇·一七	〇·五五	〇·三七	〇·一五	〇·三二	〇·五五	〇·五三	〇·五四
葡國	〇·二六	〇·〇九	〇·一一	—	〇·〇六	〇·〇六	〇·〇五	〇·一三	—	〇·〇六
俄國	一·一七	〇·八九	二·三五	〇·六二	一·四三	一·三四	〇·七四	三·四八	〇·四〇	一·八三
瑞典	〇·〇一	〇·〇七	〇·二八	—	〇·一三	〇·〇一	〇·〇六	〇·一九	—	〇·〇九
無條約國	〇·〇三	〇·〇七	〇·〇三	—	〇·〇一	〇·〇一	〇·〇三	—	—	—
中國	六四·二八	二六·五三	九·〇六	四三·一〇	二六·五三	六五·五九	二八·三〇	八·七五	三九·二四	二五·〇八
共計	100·00	100·00	100·00	100·00	100·00	100·00	100·00	100·00	100·00	100·00